Manfred Becker-Huberti

Die heiligen 12 Nächte
Der Rauhnacht-Kalender

MANFRED BECKER-HUBERTI

Die heiligen 12 Nächte
Der Rauhnacht-Kalender

benno

Bibliografische Information der Deutschen Nationalbibliothek
Die Deutsche Nationalbibliothek verzeichnet diese Publikation in der Deutschen Nationalbibliografie;
detaillierte bibliografische Daten sind im Internet unter http://dnb.d-nb.de abrufbar.

Besuchen Sie uns im Internet:
www.st-benno.de.

Gern informieren wir Sie unverbindlich und aktuell auch in unserem Newsletter
zum Verlagsprogramm, zu Neuerscheinungen und Aktionen.

Einfach anmelden unter www.st-benno.de.

ISBN 978-3-7462-5782-2

© St. Benno Verlag GmbH, Leipzig
Umschlaggestaltung: Rungwerth Design, Düsseldorf
Covermotiv: © stock.adobe.com/Youra Pechkin
Gesamtherstellung: Kontext, Dresden (A)

Inhalt

Ein Wort zuvor — 6
Was Sie vorweg wissen sollten — 8

24. Dezember: Warum der Apfel ein doppeldeutiges Früchtchen ist — 14
25. Dezember: Ze wihe naht — 18
26. Dezember: Nach Jesus stirbt Stephanus als Erster durch Gewalt — 24
27. Dezember: Wie man durch einen Schluck Wein dem Teufel von der Schüppe hüpft — 28
28. Dezember: Kinder sind die ersten Märtyrer für Christus — 32
29. Dezember: Von einem Bischof, der seinen Kopf verlor, und von bellenden Glocken — 38
30. Dezember: Wenn sich Gut und Böse begegnen, und warum wir ins Neue Jahr rutschen — 42
31. Dezember: Warum wir beim Schälen des Apfels die Schale nicht abreißen lassen sollen — 46
1. Januar: Wer besäße nicht gerne einen „Zwölferbesen"? — 50
2. Januar: Der „Berchtoldstag" – Ersatz für einen „verlorenen" Feiertag — 56
3. Januar: Ein Tag, um zum Faulpelz zu werden — 60
4. Januar: Eine Einladung zum Brezel brechen — 64
5. Januar: Der Bohnenkönig oder Lord Misrule und Königin Markfett — 68
6. Januar: Von Sterndrehern, die zu selbstlosen Sternsingern wurden — 72

Ein Wort zum Ausklang — 79

Ein Wort zuvor

Liebe Leserinnen, liebe Leser,
wenn Sie mit diesem Buch die Besonderheiten einer außergewöhnlichen Zeitphase im Jahr, der Rauhnächte, erfahren wollen und wissen möchten, wie und warum unsere Vorfahren diese Zeit als heilige Zeit erlebt haben, sind Sie auf einem guten und richtigen Weg. Sie werden hier finden, was Sie suchen.

Verstehen Sie diesen Kalender als eine Hilfe zum Ausstieg aus dem ganzjährigen Hamsterrad, das Sie ja nicht nur selbst antreiben, sondern das auch Sie, angetrieben durch Dritte, auf Trab hält. Steigen Sie in einer Phase aus, die seit alters her darauf angelegt ist, auf Distanz zu gehen, nach innen zu schauen, still zu werden, sich auf das Wesentliche neu zu besinnen.

Drei Fragen wollen beantwortet werden: Wo komme ich her? Wo gehe ich hin? Was soll ich tun?

Es geht um die Sinnmitte Ihres Lebens. Klären Sie für sich, wer und was Sie antreibt und wohin Sie dadurch gelangen wollen. Wer wollen Sie sein? Sind Sie der, der Sie sein wollen? Vielleicht ist eine Kurskorrektur angesagt.

Die Rauhnächte, die heilige Zeit zwischen den Jahren, erlauben das Schnuppern an der Ewigkeit, und geben die Möglichkeit zu überprüfen, wo Sie auf Ihrem Lebensweg stehen. Sind Sie noch auf dem richtigen Weg? Nehmen Sie sich in den Tagen zwischen den Jahren die Zeit, an der Ewigkeit zu schnuppern. Das Eintauchen in das ganz Andere entlässt niemanden unberührt.

Manfred Becker-Huberti

Was Sie vorweg wissen sollten

**Über eine heilige Zeit,
in der „Gottes Parfum" böse Geister vertreibt**

Die Rauhnächte (auch Rauch- oder Raunächte, zwölf Nächte, Zwölfte, Inner- oder Unternächte, Glöcklenächte, Zwölfnächte) sind die zwölf Nächte und elf Tage um den Jahreswechsel des bürgerlichen Jahres. Meist wird damit die Zeit vom Weihnachtstag (25. Dezember) bis zum Fest der Erscheinung des Herrn (Epiphanie, Heilige Drei Könige) am 6. Januar bezeichnet. Regional kann aber auch die Zeit vom Thomastag (21. Dezember) oder der Wintersonnwende bis zum Neujahrstag (1. Januar) gemeint sein.

Wovon sich die Bezeichnung Rauhnächte ableitet, wird kontrovers diskutiert. Die einen vertreten die Ansicht, das mittelhochdeutsche Wort rûch = haarig sei dafür maßgebend, so wie es noch als Rauhware oder Rauchware für Pelze in der Kürschnerei erhalten ist, andere vermuten eine Herkunft von mit Tierfellen Verkleideten, die in die Rolle von Dämonen schlüpfen. Wieder andere vertreten die Ansicht, die Rau[ch]nächte leiten sich vom Räuchern in Haus und Hof ab. Die letzte Deutung hat für sich, dass sich das Räuchern um Neujahr herum weit zurückverfolgen und literarisch belegen lässt. Sebastian Franck berichtet 1534: „Die zwolff naecht zwischen Weihenacht und Heyligen drey Künig tag ist kein hauß das nit alle tag weiroch rauch in yr herberg mache für alle teüfel, gespenst vnd zauberey."

Vielleicht findet sich der Ursprung der Rauhnächte aber auch in der Berechnung der Zeit nach dem Mondjahr, das in zwölf Monaten nur 354 Tage umfasst. Bis zur Harmonisierung des Mondjahres mit dem Sonnenjahr fehlen elf Tage oder zwölf Nächte. Diese gelten als tote Zeit, als Zeit

„außerhalb der Zeit", eben als Zeit zwischen den Jahren.

Bis zum Jahr 336 feierte man den Geburtstag des Messias auch am 6. Januar oder an einem Tag zwischen Ostern und Pfingsten. Einige Theologen nehmen an, für die Wahl des 25. Dezembers sei der 354 in Rom belegte Feiertag der Geburt des Sonnengottes ausschlaggebend gewesen. Die Sonne, das Licht, sei ein Bild, das sich auch für Jesus angeboten hätte. Im Johannesevangelium steht, dass Jesus von sich sagt: „Ich bin das Licht der Welt. Wer mir nachfolgt, der wird nicht wandeln in der Finsternis, sondern wird das Licht des Lebens haben" (Joh 8,12), und des Weiteren: „Ich bin in die Welt gekommen als ein Licht, damit, wer an mich glaubt, nicht in der Finsternis bleibe" (Joh 12,46).

Andere Theologen verweisen zur Terminwahl auf die alte jüdisch-christliche Tradition, nach der der erste Schöpfungstag, der Zeugungstag und der Todestermin Jesu auf den gleichen Tag fallen, den 25. März. Der christliche Kalender feiert den 25. März als „Verkündigung des Herrn" und begeht

neun Monate später den 25. Dezember als Geburtstag Jesu Christi.

Die Anzahl der Rauhnächte ist nicht ohne Grund die Zahl 12; sie steht für das Große und Ganze. Das Jahr hat zwölf Monate, es gab zwölf Apostel und zwölf Stämme Israels. In zwölf Stunden teilt sich der Tag. Deshalb werden zur Weihnacht am Christbaum auch zwölf Kerzen entzündet, die für jeden Monat des kommenden Jahres stehen. Die bedeutende Zahl zwölf hat einmal das Duodezimalsystem begründet, das erst später durch das Dezimalsystem abgelöst wurde.

Landwirtschaftlich geprägte Epochen waren und sind auf Gedeih und Verderben vom Wetter abhängig. Natürlich war man um Neujahr versucht, irgendwie zu erfahren, wie das Wetter sich entwickeln und auf die Ernte auswirken wird. In vorwissenschaftlicher Zeit bot eine geviertelte Zwiebel, von der jeweils ein Stück über Nacht in eine Zimmerecke gelegt wurde, Auskunft über die Wetterverhältnisse in jedem kommenden Vierteljahr an. Am nächsten Morgen ließ sich erkennen: Das Frühjahr wird feucht sein, der Sommer trocken, der Herbst ...

Es wurde zudem angenommen, dass es zwischen den einzelnen Tagen der Rauhnächte und den Monaten des kommenden Jahres Wechselbeziehungen gibt. So standen der

25. Dezember für Januar,
26. Dezember für Februar,
27. Dezember für März,
28. Dezember für April,
29. Dezember für Mai,
30. Dezember für Juni,
31. Dezember für Juli,
1. Januar für August,
2. Januar für September,
3. Januar für Oktober,
4. Januar für November,
5. Januar für Dezember.

Nach einer anderen Tradition hat der Sonnenschein an den Tagen der Rauhnächte Bedeutung für das neue Jahr. Er bedeutete:

26. Dezember: Es wird ein glückliches Jahr.
27. Dezember: Preiserhöhungen stehen an.
28. Dezember: Streitigkeiten kommen auf.
29. Dezember: Fieberträume werden plagen.
30. Dezember: Es wird eine gute Obsternte.
31. Dezember: Andere Früchte gedeihen prächtig.
1. Januar: Die Viehweiden tragen saftige Kräuter.
2. Januar: Fische und Vögel sind zahlreich.
3. Januar: Gute Kaufmannsgeschäfte stehen ins Haus.
4. Januar: Unwetter kommen auf.
5. Januar: Nebeltage treten vermehrt auf.
6. Januar: Zwist und Hader kommen auf.

Für moderne Menschen beginnt der Tag um Mitternacht, der Stunde Null, die sich dann im Lauf eines Tages auf 24 Stunden addiert. Die jüdisch-christliche Tradition, die in der liturgischen Zeitrechnung noch lebendig ist, sah und sieht das anders. Hier beginnt der Tag mit dem Sonnenuntergang des Vortages. Somit ist der Tagesbeginn variabel, wird aber oft mit 18 Uhr angegeben, sodass der Zeitpunkt kalkulierbar wird. Die Sonntagvorabendmesse ist ein Beleg für dieses Denken: Sie gilt als Sonntagsmesse. In eben diesem Sinn beginnt der Weihnachtstag, der 25. Dezember, mit dem Sonnenuntergang am 24. Dezember.

Die Rauhnächte bildeten den Zeitrahmen für die angenommene Wilde Jagd. Angeführt von Odin jagen Geister und Dämonen durch die Welt und treiben ihr Unwesen. Sturm und Unwetter sind die Erscheinungsformen der Wilden Jagd (nord. Asgardareid). Die Toten suchen die Lebenden auf, dunkle Mächte ergreifen die Herrschaft über die Erde. Weil böse Geister sich in Unrat und Unordnung wohlfühlen, ist es ratsam, Haus und Leben aufzuräumen. Am besten bringt man alles Geliehene zurück und lässt sich Verliehenes zurückgeben. Man kann die Dämonen gütlich stimmen: durch Speisen wie Brot, Kuchen, Gebäck, Fleisch oder Hülsenfrüchte, aber auch durch die Reste des Festmahls.

Das Wichtigste, um sich die Geister und Dämonen von Leib und Haus zu halten, war in den Rauhnächten die Pflicht, Haus und Hof auszuräuchern. Der Weihrauch, „Gottes Parfum", zwang die Geister zu „verduften". „Per fumum", die Vorlage für das Wort „Parfum", bedeutet Duft, der „durch Rauch" entsteht. Der Weihrauch ist ein Apotropäum (griech. apotropaion = Geister abweisend). Der Hausvater zog – wenigstens an den drei Vorabenden des 25. und 31. Dezembers sowie des 6. Januar – mit der ganzen Familie räuchernd durch Haus, Hof und

Stall, gegen den Uhrzeigersinn dreimal durch jeden Raum. Die Hausmutter half mit geweihtem Wasser nach. Die einfachen und normalen Leute konnten keinen teuren Weihrauch kaufen und nutzen deshalb getrocknete einheimische Kräuter für ihr Räuchern, z. B. Beifuß, Fichtenharz, Lavendel, Holunder und Mistel.

Wer angesichts des menschlichen Verhaltens in vorwissenschaftlicher Zeit heute darüber herablassend lächelt, hat noch nicht wahrgenommen, dass Volksglauben und Aberglauben nicht verschwunden sind, sondern nur in anderen Formen weiterexistieren. Mit Gottes Duft die Dämonen verduften zu lassen, bewirkte in vorwissenschaftlicher Zeit eine Form von Geborgenheit, die sich durch nichts übertreffen ließ. Vielleicht können wir heute das Wetter etwas besser voraussagen, aber machen können auch wir das Wetter noch immer nicht. Hoffnung gegen alle Hoffnung, die das Mittelalter ritualisierte, ist auch heute noch unübertrefflich.

24. Dezember

Tagesname: Heiligabend, nox sacratissima (= allerheiligste Nacht)

Tagesheilige: Adam und Eva

Besonderheiten: Vorabend des Weihnachtsfestes

Wetterregeln:

Wie die Witterung an Adam und Eva,
so bleibt sie bis Ende des Monats.

Wenn's Christkindlein Tränen weint,
vier Wochen keine Sonne scheint.

Finstere Metten, lichte Scheune;
helle Metten, dunkle Scheune.

Warum der Apfel ein doppeldeutiges Früchtchen ist

Die Nacht vom 24. auf den 25. Dezember ist die erste Losnacht, weshalb am Vorabend Haus, Hof und Stall „geräuchert" wurden. Dieser feierliche Akt wurde nur von der Familie ausgeführt. Gäste waren an diesem Tag und zu diesem Zweck nicht vorgesehen. Mindestens eine zweite und eine dritte Losnacht folgen am 31. Dezember und am 6. Januar.

In einigen Gegenden Deutschlands wurde schon eine Woche vor dem Weihnachtsfest das Christkind eingeläutet. Am 17. Dezember um 15 Uhr läuteten alle Kirchenglocken. Dies war nicht nur der Hinweis auf das kommende Fest, bis zur römischen Kalenderreform 1970 feierte die Kirche an diesem Tag auch das Gedenken an Lazarus aus Bethanien, den Jesus wieder ins Leben gerufen hatte. Das Glockengeläut an diesem Tag erinnerte zudem an die an diesem Tag fälligen Weihnachtsgaben für Alte und Kranke und die Weihnachtsbesuche. Man kann nicht für sich allein Christ sein und deshalb kann auch niemand Weihnachten nur für sich feiern.

Befragt man die Menschen, was sie am Heiligen Abend zu Mittag essen, drucksen die meisten herum, weil sie sich schämen zu sagen, dass sie zu diesem Termin nichts Exquisites auf den Tisch bringen. Viele essen Kartoffelsalat und Würstchen. Genau das verweist aber auf eine Tradition: Der 24. Dezember war früher ein strenger Fasttag, sogar der strengste Fasttag in der adventlichen Fastenzeit, die mit Martini begann und mit dem Heiligen Abend endete. Das Würstchen zum Kartoffelsalat war eigentlich (unerlaubter)

Vorbote des Weihnachtsfestes. Der 24. Dezember ist der Gedenktag für Adam und Eva, die uns nach der biblischen Erzählung die Erbschuld eingebracht haben. Die Feier der Geburt Jesu am 25. Dezember ist die göttliche Antwort auf die Schuld von Adam und Eva.

Vor dem Gottesdienst am Heiligen Abend kehrt das Bild der schwangeren Maria in die Kirche zurück. Am 1. Advent war es mit einer feierlichen Prozession zu einer Familie der Pfarrei nach Hause getragen worden. Familie, Freunde, Nachbarn und Bekannte waren dann zum Beten und Singen – und natürlich zu einem kleinen Umtrunk – bei dieser Familie zu Gast. Von dort zog das Bildnis, oft eine Ikone, am nächsten Tag zur nächsten Familie, um am 24. Dezember wieder in die Kirche zurückzukehren. Spielerisch wird damit die Herbergssuche der schwangeren Maria und ihres Verlobten Josef nachgespielt. Dazu gehört auch das Lied „Wer klopfet an?". Gezeigt wird, dass wir im Wissen darum, wer da geboren wird, ganz anders mit dem hilfesuchenden Paar umgegangen wären. Den Festinhalt in Form eines Spieles vor dem Gottesdienst zu vermitteln, ist zu einer Zeit entstanden, als die Menschen noch nicht lesen und schreiben konnten. Während aber heute nur noch das Christgeburtspiel vor der Christmette stattfindet, gab es früher ein zweites Spiel, das noch vor dem Krippenspiel aufgeführt wurde: das Paradiesspiel.

Es bestand darin vorzuführen, wie Eva verbotenerweise eine Frucht vom paradiesischen Baum der Erkenntnis von Gut und Böse pflückte, hineinbiss und die Frucht dann an Adam weiterreichte. Wieso wird nördlich der Alpen die Frucht vom Baum der Erkenntnis durch einen Apfel, südlich aber durch eine Feige dargestellt? Nördlich der Alpen gab es keine Feigen, die man hätte verwenden können. Nach der Ernte wurden aber Äpfel eingelagert, die man als Vitamin-C-Spender im Winter nutzte. Das war vor allem die Apfelsorte mit Namen Renette, kleine rote Äpfelchen. Für das Spiel benötigte man zusätzlich einen grünen Baum, weil Früchte niemals an entlaubten Bäumen hängen. Eine Fichte, Tanne, Eibe oder ein Buchsbaum oder Ilex waren da gerade recht. Mit Bast hing man an einen solchen Baum die Äpfelchen, von denen Eva eins an Adam weitergeben konnte. Und weil dieser Baum beim nächsten Spiel, dem Christgeburtspiel, der Einfachheit halber stehen blieb, wuchs der paradiesische Baum der Erkenntnis als Christbaum in das weihnachtliche Geschehen hinein.

Ein geweihter Holzklotz, der am Heiligabend in den Kamin gelegt wird, heißt Christklotz (Christblock, Christbrand, Mettenbrocken, Mettenstock, Weihnachtsscheit oder im Französischen „Bûche de Noel") und war – nach Meinung des 19. Jahrhunderts – in vorchristlichen Zeiten als „Julklotz" bekannt. Im Mittelalter ließ man den Christklotz in den zwölf Tagen zwischen Weihnachten und Dreikönige im Kamin brennen, um den man saß. Alte Feindschaften wurden begraben. Wer den Stamm fällen durfte, aus dem der Christblock geschnitten wurde, galt im neuen Jahr als gefeit gegen alles Unglück. Wer dem Stamm beim Heimtransport begegnete, grüßte ihn und hatte so teil am Segen. Der Holzblock wurde nie ganz verbrannt. Reste davon sollten gegen Unwetter schützen. In Großbritannien wird eine dort beliebte Weihnachtsspeise als „Weihnachtsscheit" oder „Bûche de Noel" bezeichnet: Eine Biskuitroulade, gefüllt mit Kastanienpüree oder Buttercreme, wird mit Schokoladenbuttercreme überzogen und mithilfe einer Gabel so gerieffelt, dass das Gebäck wie ein Holzstamm aussieht.

In der Heiligen Nacht toben, nach dem Volksglauben, die Geister und Hexen ganz besonders. Deshalb läuten die Kirchenglocken von Anbruch der Dunkelheit bis zur Christmette um Mitternacht in bestimmten Abständen das „Schreckensgeläut" (Ingolstadt) – ein Beispiel für die Übernahme eines heidnischen Lärmbrauchtums durch die Christen.

25. Dezember

Tagesname: Hochfest der Geburt des Herrn, 1. Weihnachtsfeiertag

Tagesheilige: Eugenia, Anastasia

Bezugsmonat: Januar

Besonderheiten: 1. Räuchernacht (wo die Rauhnächte mit dem 25. Dezember beginnen); Lostag

Wetterregeln:

Wenn es Weihnachten flockt auf allen Wegen, das bringt den Feldern Segen.

Ist es grün zur Weihnachtszeit, fällt der Schnee auf Ostereier.

Bis Weihnacht gibt es Speck und Brot, danach kommt Kält' und Not.

Ze wihe naht

Der Begriff „wihe naht" taucht erstmals um 1170 in der Predigtsammlung „speculum ecclesiae" auf. Dort heißt es: „diu gnâde diu anegengete sih an dirre naht: von diu heizet si diu wîhe naht" – in heutigem Deutsch: „Die Gnade kam zu uns in dieser Nacht: daher wird sie Heilige Nacht genannt." Statt „Weihnachten" (Plural) müssten wir eigentlich von „Weihnacht" (Singular) sprechen. Das ganze Haus roch an diesem Tag unverwechselbar nach Weihrauch und Plätzchen. Eltern und Kinder waren von einer je andersgearteten Nervosität erfüllt. Die einen schotteten sich und ihr Tun vor den Kindern ab, die anderen fanden tausend Gründe, warum sie doch irgendwie in der Nähe der emsigen Eltern sein mussten.

Oft schon am Vorabend wurde der Christbaum aufgestellt, der – regional unterschiedlich – geschmückt wurde: mit Kerzen und Kugeln, früher auch mit „Engelshaar" oder Lametta, selbstgebastelten Strohsternen oder mit miniaturisierten Kinderspielsachen: Trommeln, Grillenkästchen ... Unter dem Baum oder nicht weit davon wurde seit dem 19. Jahrhundert eine Krippe aufgebaut, eine dreidimensionale Darstellung des Festinhaltes. Dies hatte sich nach der Aufklärung eingebürgert, weil der Staat verboten hatte, in den Kirchen Krippen aufzubauen. In der Folge haben die Bauern im Erzgebirge und in den Alpen, wenn keine Feldarbeit möglich war, aus Holz Krippen gebaut und verkauft. Alle Teilnehmer an der Geburt in Betlehem waren da versammelt – bis auf die Heiligen Drei Könige, die erst an ihrem Festtag, dem 6. Januar, hinzukamen.

Irgendwo stand nahebei eine kleine Glocke, die erklang, wenn das „Christkind" in dem streng abgeriegelten Raum sein Werk vollendet hatte und die Kinder das Zimmer betreten durften, um ihre Geschenke auszupacken – natürlich erst, nachdem der passende Bibeltext vorgelesen und ein oder zwei Weihnachtslieder gesungen waren.

Das Christkind ist eine Erfindung Martin Luthers, der die familiäre Weihnachtsfeier eingeführt hatte, um den heiligen Nikolaus und sein Schenken abzuschaffen. Das Christkind wurde nun zum Kinderbeschenker. Gesehen hatte es niemand, weil es immer gerade verschwunden war, wenn die Kinder auf das Glockensignal hin am Christbaum erschienen.

Schenkte der Nikolaus, damit die Kinder wenigstens einmal im Jahr erlebten, wie der Himmel die Erde berührt, schenkt das Christkind, um zu zeigen, was eine unverdiente Gabe ist. Das Christkind selbst ist das Geschenk Gottes an die Menschheit. Ein Geschenk zu Weihnachten ist deshalb eine Einladung zur Teilhabe an der Freude über das Erscheinen des Erlösers.

Christbaum und Christkind waren ursprünglich nur eine evangelische Brauchvariante, die erst ab etwa 1900 langsam auch von den Katholiken übernommen wurde. In manchen evangelischen Gegenden hat dann im 20. Jahrhundert der Weihnachtsmann, der in Amerika verweltlichte Nikolaus, der von Coca Cola nach Europa reimportiert wurde, das Christkind abgelöst, das dann konvertierte und katholisch wurde.

Bis die Katholiken von den Protestanten ihre Art, das Weihnachtsfest zu Hause zu gestalten, übernahmen, haben die Katholiken Weihnachten ausschließlich in der Kirche gefeiert. Zuhause erhielt das Personal kleine Geschenke: eine neue Schürze, ein Paar Socken oder dergleichen. Die Erwachsenen beschenkten sich untereinander nicht. Die Kinder erhielten ein kleines Geschenk am Tag der Unschuldigen Kinder (28. Dezember). Oft bestand es aus einem reparierten Spielzeug, einem neuen Kleidchen für die Puppe oder einem Werkzeug.

Auf dem Tisch stand zu Weihnachten ein zusätzliches Gedeck. Die einen sahen darin ein Angebot an die Geister, am Festmahl teilzunehmen. Christlich interpretiert war es das Gedeck für Jesus Christus, der unerkannt vorbeikommen könnte und dann bewirtet werden sollte.

Das traditionelle Weihnachtsessen am Weihnachtstag (Mettenmahl) bestand aus Schweinebraten (Mettensau) und Klößen. Dass dabei tüchtig zugegriffen wurde, lag nicht nur daran, dass die Menschen im Mittelalter selten Fleisch oder überhaupt genügend zu essen bekamen. Der 24. Dezember war ein strenger Fasttag gewesen. Reichliches Essen und Trinken, oft schon Völlerei, gehörten zur mittelalterlichen Festtags-„Kultur" ebenso wie das überreiche Angebot, das schließlich – so lautete die Entschuldigung – dazu dienen sollte, weiteren Überfluss in Zukunft anzulocken. Wen wundert es, wenn sich in Norddeutschland für den Heiligabend der Begriff „Vulbuksabend" (Abend des vollen Bauches) einbürgerte. Viele Bestandteile der weihnachtlichen Speisen haben vorchristliche Ursprünge. Die Klöße wurden früher zu Ehren der Frau Perchta (siehe 30. Dezember) gegessen; wer hier nicht genügend zugriff, musste mit Strafe durch Perchta rechnen. Fisch zu Weihnachten hatte Sühnefunktion oder sollte Reichtum bringen. Salate zu Weihnachten umfassten einzelne Pflanzen mit unterschiedlichen Heilkräften. Salz und Brot halfen, den Tod abzuhalten, Äpfel symbolisierten Gesundheit, Bohnen und Linsen Wohlstand.

Jüngeren Ursprungs ist die Weihnachtsgans mit den beiden anderen Weihnachtsvögeln Puter und Truthahn. Die Gans soll aus England zu uns gekommen sein. Einer Legende nach hat die englische Königin Elisabeth I. (1558–1603) die Nachricht vom Sieg über die spanische Armada eben in dem Moment am Heiligen Abend erreicht, als ihr eine Gans serviert wurde. So sei die englische Weihnachtsgans populär geworden, habe dann auch den Sprung über den Kanal auf den Kontinent erfolgreich unternommen, wo sie – auf der Speisetafel schon durch die Martinsgans ausgesprochen gut eingeführt – auch zunehmend beim Weihnachtsessen eine führende Rolle übernommen habe. In den angelsächsischen Ländern scheint die Weihnachtsgans

heute weitgehend durch den Puter, in den USA durch den Truthahn abgelöst zu sein.

Der Gänsemagen wurde für Orakel herangezogen. Es gab darüber Auskunft, ob das kommende Jahr fruchtbar oder mager sein würde. Der Gänsemagen war aber auch immer für Überraschungen gut, weil er oft nicht nur unverdauliche Steine enthielt, die die Gänse als Verdauungshilfe gefressen hatten, sondern auch kleinere verlorene Teile, die sich so wiederfanden. Weil wir heute unsere Gänse tiefgefroren und bratfertig aus dem Supermarkt beziehen, können wir uns gar nicht mehr vorstellen, welche Arbeit es gekostet hat, diesen Weihnachtsbraten zuzubereiten. Der angenehmste Teil dieser unangenehmen Arbeit war, dass die Daunen und Federn als Neuzugang auch den Rest des Jahres in Kopfkissen und Federbetten an diesen Weihnachtsvogel erinnerten. Da Gänse auch dazu dienten, Pacht abzugelten oder – per Naturalleistung – Pfarrer und Lehrer zu besolden, waren Gänse bei allen Bauern und Tagelöhnern vorhanden.

Warum der Karpfen in der dunklen Jahreszeit vor allem im deutschen Norden als Weihnachtskarpfen oder als Silvesterkarpfen Furore macht, verliert sich im Dunkel der Geschichte, es sei denn, man akzeptiert die pragmatische Begründung, dass der Karpfen in eben dieser Jahreszeit fett und schlachtreif ist.

Schon in vorchristlicher Zeit wurde für die Rauhnächte gebacken: Die 103 Brote standen auf einem festlichen Tisch zur Bewirtung der Seelen der Verstorbenen, die davon essen sollten. Diese Bewirtung versprach Glück. Je nach Landschaft erhielten diese Gebäcke eigene Namen: Schnittchen, Hützel- oder Kletzenbrot, Striezel, Birnenwecken oder Stollen. Je deutlicher die Beziehung zu dem christlichen Fest wurde, desto mehr verband sich der neue Name mit dem Gebäck wie z. B. beim Christ- oder Weihnachtsstollen. Das heute bekannteste Gebäck, der Stollen, stammt ursprünglich aus Sachsen. Für 1329 lässt sich ein Zunftprivileg für die Naumburger Bäcker belegen, das ihnen vom Bischof von Naumburg ausgestellt wurde, der dafür von ihnen für sich und seine Nachfolger jedes Jahr zu Weihnachten zwei

Stollen erhielt. Dieses Gebäck, das es als Rosinen-, Mandel- oder Mohnstollen gab, verbreitete sich in ganz Deutschland. Es ist umstritten, ob der Stollen das in Windeln gewickelte Christkind symbolisiert. Dafür spricht, dass es vielfach geglaubt wird, dagegen, dass nicht der ganze Körper des Jesuskindes nachgebildet ist und vor allen Dingen der Kopf fehlt. Außerdem gibt es keine historischen Belege für diese These. Im Gegensatz zum Stollen ist der Rauchwecken wie ein Fatschenkind (lat. fascia bezeichnet die Binde, Wickel) geformt.

Die Essensreste wurden an Weihnachten nicht im Müll entsorgt, sondern in ein Tischtuch gepackt und in der nächsten Nacht an einer Ecke des Feldes in alle Windrichtungen verstreut, damit die Winde die Ernte im nächsten Jahr nicht niederdrücken und zerstören würden. Dieses Tun hieß „die Windgeister füttern". Lauscht man dabei dem Wind, verraten einem die Seelen der Verstorbenen die Zukunft.

Wie eingangs erwähnt, war der Weihnachtstag Lostag. Er wurde zum Orakeln genutzt. Zum einen wollte man Auskunft über das Wetter und damit über das Gedeihen der Ernte geben, zum anderen suchte man durch Liebesorakel herauszufinden, wen ein Mädchen wann zum Ehemann bekommen würde.

26. Dezember

Tagesname: 2. Weihnachtstag

Tagesheiliger: Erzmärtyrer Stephanus

Bezugsmonat: Februar

Wetterregeln:

Wenn es ums Christfest ist feucht und nass,
so gibt es leere Speicher und Fass.

Viel Wind in den Weihnachtstagen,
reichlich Obst die Bäume tragen.

Besser die Weihnacht knistert,
als dass sie flüstert.

Nach Jesus stirbt Stephanus als Erster durch Gewalt

Ein zweiter Festtag kennzeichnet ein kirchliches Fest nicht nur an Weihnachten, sondern auch zu Ostern und Pfingsten. Diese Dopplung des Festtages ist der Rest einer ganzen Festwoche, die im 8. Jahrhundert für die drei Hochfeste festgelegt wurde.

Auch am zweiten Festtag geht es feierlich zu. Oft ist der Besuch an diesem Tag auf die Familienmitglieder begrenzt. Erwachsene Kinder besuchen ihre Eltern und Großeltern, vielleicht besuchen Kinder auch ihre Paten. Sonst verlässt man das Haus nur zum Gottesdienstbesuch. Alles „knechtliche Tun" ist untersagt.

Was man in diesen Nächten träumt, wird in den jeweiligen Monaten des kommenden Jahres eintreffen. Die Träume vor Mitternacht beziehen sich auf die erste Monatshälfte, die späteren Träume auf die zweite Monatshälfte.

Bis in die jüngere Zeit war die Annahme weitverbreitet, dass sich zauberkundige Menschen, die mit dem Teufel einen Pakt geschlossen hatten, in dieser Nacht in Werwölfe verwandelten und Mensch und Vieh bedrohten.

Kinder, die an den zwölf Tagen – und hier besonders an einem Samstag – geboren werden, sollen übersinnliche Fähigkeiten besitzen. Sie können ihr Leben lang mit Verstorbenen in Kontakt treten. Eine Geburt am Heiligen Abend selbst wird aber als eine Verhöhnung Christi angesehen.

Gelegentlich wird gesagt, die Dominosteine, ein Lebkuchengebäck zur Weihnacht, verweisen auf die Steine, mit denen Stephanus gesteinigt wurde, dessen Gedenktag am 26. Dezember ist. Aber die Dominosteine haben keine lange

Geschichte. Sie wurden erst 1936 in Dresden kreiert und sollten als „Notpralinen" den Umsatz steigern. Das scheint gelungen zu sein, denn allein die Firma Lambertz in Aachen produziert aktuell von Juli bis Dezember 4,8 Millionen Dominosteine täglich.

Der zweite Feiertag oder einer der folgenden Tage bis Lichtmess (2. Februar) wird im Rheinland gern dafür genutzt, in der Stadt Köln Kirchen zu besuchen, um sich die unterschiedlichen Krippen anzuschauen. „Kreppche luure" heißt das auf Kölsch. Bewundert werden nicht nur die künstlerischen Krippen, sondern die Kleidung, Mimik und Gestik der Figuren der Milieukrippen. Besonders beliebt sind die Darstellungen der früheren sozialen Verhältnisse des jeweiligen Stadtviertels. Nicht nur der Gendarm, sondern auch Dirnen und Taschendiebe haben hier ihren Platz. Das „Kreppche luure" steht in einer alten Tradition, die aber einmal eine andere Form hatte. Bereits im 16. Jahrhundert wurde während des Gottesdienstes das Christkind in einer Krippe gewiegt und dann aus der Krippe heraus einem Gottesdienstteilnehmer in den Arm gelegt, der das Kind zur Musik wiegte und dann seinem Nachbarn weiterreichte. Einige dieser weihnachtlichen Wiegelieder haben sich bis heute erhalten. „Christkindchen wiegen" nannte sich dieser Brauch.

27. Dezember

Tagesheilige: Johannes, Apostel und Evangelist, Fabiola

Bezugsmonat: März

Besonderheiten: Dingtag, Johannesminne

Wetterregeln:

Viel Wind und Nebel in Dezembertagen, schlechten Frühling und schlechtes Jahr ansagen.

Hat der Evangelist Johannes Eis, dann macht es der Täufer (= 24. Juni) heiß.

Wenn's im Dezember nicht wintert, sommert's im Juni auch nicht.

Wie man durch einen Schluck Wein dem Teufel von der Schüppe hüpft

Im Mittelalter wurde an oder um den Johannistag (27.12.) der Dingtag gehalten, ein Gerichtstag. Alle Erwachsenen waren aufgefordert zu erscheinen, um der Rechtsprechung beizuwohnen. Der Termin in den Rauhnächten war ein Pflichtdingtag; andere Dingtage im Laufe des Jahres konnten zusätzlich festgelegt werden. Der Dingtag war zugleich der Tag, an dem Mägde und Knechte angestellt (= gedingt) und entlassen werden konnten.

Der Apostel Johannes war nach biblischem Bericht der Lieblingsjünger Jesu (vgl. Joh 19,26) und wird traditionell mit dem Verfasser des Johannesevangeliums identifiziert. Er soll außerdem auch der Autor der Geheimen Offenbarung sein. Seiner hochfliegenden Theologie wegen wurde der Adler zu seinem ikonografischen Erkennungszeichen. Die moderne Exegese führt die Namensgleichheit allerdings nicht mehr auf eine einzige Person zurück.

Dargestellt wird Johannes als einziger Apostel ohne Bart, da er zu Jesu Zeit noch recht jung war. Beigegeben werden ihm meist ein Kelch und eine Schlange, seltener wird er bei seinem Martyrium gezeigt, bei dem er mit siedendem Öl übergossen worden sein soll. Der Kelch und die Schlange verweisen darauf, dass er einmal einen Becher mit Gift trank, ohne Schaden zu nehmen.

Der Kelch in der Hand des Apostels Johannes steht für den mittelalterlichen Brauch des Johannestrunks oder der Johannesminne.

An diesem Tag wurde zur Ehre des Apostels ein Segenstrunk genommen, der Männern Stärke und Frauen Schönheit verleihen sollte. Der Giftbecher des Johannes wurde so zu einem Heilskelch der Christen.

Der Johanneswein, den man selbst in die Kirche mitbringen muss, wird am 27. Dezember geweiht. Der Priester überreicht ihn den Gläubigen mit den Worten: „Trink die Liebe des heiligen Johannes, im Namen des Vaters, des Sohnes und des Heiligen Geistes. Amen." Ausgedrückt werden soll, dass die Liebe, die Johannes erfüllte, auch den Konsumenten der Johannesminne erfüllen soll, also geistlich und leiblich wirken möge.

Wo noch nicht geschehen, ist heute noch Gelegenheit, die Verpflichtungen der Lüttenweihnacht zu erledigen. Nach altem Volksglauben können die Tiere in der Heiligen Nacht nicht nur sprechen, sie verdienen auch als Teil der erlösten Natur besondere Zuwendung, denn sie haben in der Gestalt von Ochs und Esel Anteil an der Geburt Christi gehabt. Im Mittelalter legte man in der Heiligen Nacht Hafer aufs Stalldach und gab ihn an den Weihnachtstagen den Tieren zu fressen. Noch heute werden die Haustiere zu Weihnachten besonders gut verpflegt.

Bauern in Bayern legen vor dem Gang zur Mette ein Bündel Heu ins Freie, das sogenannte Mettenheu, das sie nach der Mette den Tieren zum Fraß vorwerfen. Nach abergläubischer Sicht soll dieses Futter vor Hexen und Seuchen bewahren. Auch die Pflanzenwelt wird nicht vergessen: Bäume werden geschlagen, beklopft, mit Stroh umwickelt, begossen, damit sie wachsen und fruchtbar sind (Baum wecken). An anderer Stelle wird nach der Kornernte die letzte Garbe bis Heiligabend aufgehoben und über Nacht ausgelegt, damit sie unmittelbar den Segen der Nacht erfährt.

Zur Weihnacht wird die Garbe vor der Kirche auf einen Strauch gelegt, sodass die Vögel davon fressen können. Früher glaubte man, einige Menschen könnten zu Lüttenweihnacht die Sprache der Tiere verstehen. Wer aber dazu in der Lage war, hatte nicht viel davon, denn er musste bald sterben. Der Begriff Lüttenweihnacht (auch: Tierweihnacht) verwendet den alten Begriff für „klein", vgl. Lützel (z. B. Koblenz-Lützel) oder das engl. „little", und verweist damit auf die belebte Natur. Wie der Mensch ist die Natur von Gott geschaffen. Der Mensch ist ohne sie nicht denkbar. Viele bezogen deshalb die Natur in die Erlösung mit ein und achteten darauf, dass sie auch Weihnachten mit einbezogen wurde.

28. Dezember

Tagesname: Unschuldige Kinder

Tagesheilige: Unschuldige Kinder

Bezugsmonat: April

Besonderheiten: Lostag, altes Fest der umgekehrten Ordnung, alter Kinderbeschenktag, altes Kinderspiel ludus episcopi puerorum, „Eselsmesse"

Wetterregeln:

Schneit's an Unschuldige Kindl,
fährt der Januar in die Schindel.

Haben's die Unschuldigen Kindlein kalt,
so weicht der Frost nicht so bald.

Sitzen die Unschuldigen Kindlein in der Kälte,
vergeht der Frost nicht in Bälde.

Kinder sind die ersten Märtyrer für Christus

Seit dem 6. Jahrhundert erinnert dieser Tag, der erstmals für das Jahr 505 in einem liturgischen Kalender aus Nordafrika belegt ist, an die nach der biblischen Überlieferung durch König Herodes in Betlehem getöteten Kinder. Herodes hoffte, durch den Massenmord auch den Messias aus dem Weg zu räumen, von dem er sich bedroht sah (Mt 2,13–23).

Der Tag der Unschuldigen Kinder war verbunden mit einem Spiel, bei dem die Schüler einer Kloster- oder Domschule einen Kinderabt oder Kinderbischof wählten. Dementsprechend hieß es Kinderbischofsspiel, Knabenbischofsspiel, Schülerbischofsspiel oder – in Klöstern – Kinderabtspiel bzw. lateinisch ludus episcopi puerorum. Es scheint, ein uralter Brauch zu sein. Bereits 867/870, auf dem Konzil von Konstantinopel, wird das festum puerorum, festum stultorum oder fêtes des fous verboten. Ursprünglich wurde das Spiel am Tag der Unschuldigen Kinder als ein Narrenfest gefeiert, das möglicherweise in der Tradition orientalischer Narrenkönige, römischer Saturnalien und eventuell auch keltischer Tiervermummung stand. Niemandem gelang es, dieses „Spiel der umgekehrten Ordnung" abzuschaffen. Im 11. Jahrhundert lässt sich das festum puerorum im Abendland, in Rouen, erstmals nachweisen. Es hält sich bis in das 18. Jahrhundert. Seit dem 13. Jahrhundert, mit der Popularität des Nikolaus als Schülerpatron, bürgert sich der 6. Dezember als Festauftakt ein, wobei die gesamte Feier entweder bis zum 28. Dezember dauerte oder am 28. Dezember abschließende Feierlichkeiten stattfanden. Das eigentliche Spiel bestand darin, dass der „Abt" oder „Bischof" ein pompöses Fest und pomphafte Umzüge durchführte. In Augsburg wurde sogar ein Kinderpapst gewählt. Mancherorts wurde die Liturgie nicht ausgespart: In den Kirchen fanden Feiern unter Leitung des Kinderbischofs statt. Ausgestattet war der Knabenbischof wie ein Bischof: mit Chorkleidung, Mitra und Stab. Zum Teil oder aber für eine bestimmte Zeit galt auch die Regel, dass die eigentlichen Bischöfe den Anordnungen der Knabenbischöfe zu folgen hatten. Einige Volkskundler nehmen als Auslöser von Brauchtumsformen liturgische Festtagstexte an. Vielleicht war eines der Tagesgebete, die nur am Fest der Unschuldigen Kinder gebetet wurden, Initialzündung. Vor der jüngsten Liturgiereform hieß es zum Beispiel im Introitus: „Aus dem Mund von Kindern und Säuglingen, o Gott, verschaffst du dir Lob deinen Feinden zum Trotz" (Ps 8,2). Oder in der Oration: „Gott, am heutigen Tage haben die Unschuldigen Kinder dein Lob verkündet ..."

Bei diesen Feiern muss es oft drunter und drüber zugegangen sein; aus Münster in Westfalen wird berichtet, dass der wirkliche Bischof zu diesem Termin nie in Münster weilte, sondern außerhalb der Stadt immer „wichtige" Termine wahrnahm. Nach dem Gottesdienst fand eine weltliche Feier statt. Auch in den Familien wurde gefeiert, wobei auch dort die Kinder den Ton angaben.

Das festum puerorum wurde 680/681 auf dem 6. Ökumenischen Konzil verboten und bei etlichen anderen Konzilien und Synoden auch. Auch die Reformation ächtete diesen Brauch, der sich trotzdem über Jahrhunderte hielt. In einigen Bereichen Österreichs besteht das Brauchtum bis heute als Heischebrauch fort. Kinder sagen an den Haustüren Verse auf, berühren mit Ruten die Erwachsenen und wünschen ihnen Gesundheit und Glück für das kommende Jahr. „Schappen" wird der Brauch genannt, „Fetzeln" oder „Frisch-und-gesund-Schlagen". Ein Spruch der Kinder lautet: „Frisch und g'sund, frisch und g'sund, ganzes Jahr pumperl g'sund, gern geb'n, lang leb'n, glückselig sterb'n, Christkindl am Hochaltar, des wünsch i dir zum neuen Jahr." Der Dank der Großen an die Kleinen besteht in kleinen Geschenken oder Münzen.

iactantes cantum,
ut in sequenti foli-
accedunt, aduentan-
dominorum vespe-
petit illam sedem
deputatam Sedent
milibus, quoq; mo-
uti. Ad Mag-
uirgam Episcop-
prædicti cantus,
Magnificat odo-
satis, alius dom-
ministrorum aute-
Decano) Thurifi-
mpletorium
ingressus pedem
solium, vertend-
dictionem, ext-
cancionem mo-
scolæ domicilli
Credenta sunt
parua inclina-
ant cum illa

Auch das Eselsfest (lat. festum asinorum, asinaria festa; franz. fête de l'âne), mindestens seit dem 9. Jahrhundert in Frankreich bekannt, ursprünglich am 14. Januar in Erinnerung an die Flucht nach Ägypten gefeiert, verband sich im hohen Mittelalter mit dem Tag der Unschuldigen Kinder. Ein junges Mädchen in der Rolle der Maria mit einem Baby wurde auf einen Esel gesetzt und durch den Ort bis zur Kirche geführt. Dort wurde eine Eselsmesse gefeiert, ein persiflierender und parodierender Gottesdienst mit oft eindeutig zweideutigen Texten. Statt mit „Amen" antwortete die närrische Gemeinde mit „I-ah" oder anderen Tierlauten.

Der Schlusssegen der Messparodie wurde durch ein dreifaches „I-ah" bekräftigt.

In Erinnerung an die Flucht der Heiligen Familie nach Ägypten und der Leistung, die dabei der Esel vollbracht hat, steckte man Eseln, denen man am 28. Dezember begegnete, eine Leckerei ins Maul. In der nur den Kindern eigenen Unbekümmertheit haben diese im Mittelalter diesen Tag für sich reklamiert und vereinnahmt. Auch diese Art von Feier war ein Dorn in den Augen der Kirche, die die Eselsmessen im Mittelalter bekämpfte. Seit Beginn der Neuzeit hört man von derartigen Messen nichts mehr.

In Bayern schenkten die Paten ihren Patenkindern an diesem Tag Gebäck: den Mädchen eine Lebkuchenfrau, den Jungen einen Lebkuchenreiter. Bereits in vorchristlicher Zeit hatte dieser Tag für die Kinder eine besondere Bedeutung. Frau Holle zog in dieser Nacht mit allen Kindern, die im Jahr geboren werden sollten, umher. Das Element des Schenkens war in dieser Vorstellung bereits enthalten: Dem Geisterzug wurde Essen hingestellt.

Der 28. Dezember war traditionell der Tag, an dem man alten Streit und jeden Zank bereinigen konnte und sollte. Der Tag lud dazu ein, wieder Frieden herzustellen, wo zwischenmenschlicher

Unfrieden entstanden war. Ob der Begriff Julfrieden, wie behauptet, aus germanischer Zeit stammt oder eine Erfindung des 19. Jahrhunderts ist, bleibt umstritten.

Die ersten Menschen, die für den Messias starben, waren Kinder. Darum erhielten die Kinder am Tag der Unschuldigen Kinder stellvertretend für die ermordeten Kinder kleine Geschenke. Dieser Schenkbrauch verschob sich im 12. Jahrhundert auf den Nikolausabend und im 19. Jahrhundert auf Weihnachten.

In Franken hieß dieser Tag zum Ende des 18. Jahrhunderts Pfefferleins- oder Fitzeltag. Eltern werden von ihren Kindern gefitzelt. Die Ruten werden von den Gewächsen gebunden, die um diese Jahreszeit noch grün sind. Es werden aber auch Zweige von Buchsbaum, Rosmarin, Lorbeer oder Pomeranzen genommen. Man fitzelt auf die Hände und spricht dazu: „Schmeckt der Pfeffer gut? Schmeckt der Pfeffer gut?" Oder: „Ist das Pfefferleinsbrot gut? Ist's gesalzen? Ist's geschmalzen?" Anschließend erhalten die Kinder einen Fitzelslohn in Form von Geld oder Esswaren. Die Kinder fitzelten also stellvertretend für die Unschuldigen Kinder und gaben dadurch deren Segen weiter.

Es fitzeln aber auch die Erwachsenen untereinander, besonders die Eheleute, Verwandte und Bekannte. Berichtet wird, dass Personen höheren Standes auch am Fitzeln teilnehmen, allerdings sich nicht fitzeln lassen oder selbst fitzeln. Sie übersenden eine schöne Fitzelsrute! Es gibt auch Orte, wo am Tag der Unschuldigen Kinder die Männer die Frauen und am Neujahrstag die Frauen die Männer fitzeln.

29. Dezember

Tagesheiliger: Thomas Becket

Bezugsmonat: Mai

Wetterregeln:

Ist der Dezember wild mit Regen,
hat das nächste Jahr wenig Segen.

Dezember lind,
der Winter ein Kind.

Kalter Dezember und fruchtbar Jahr
sind vereinigt immerdar.

Von einem Bischof, der seinen Kopf verlor, und von bellenden Glocken

Thomas Becket, auch Thomas von Canterbury, der am 29. Dezember gefeiert wird, war Lordkanzler Englands und von 1162 bis 1170 Erzbischof von Canterbury und Primas von England. Als er sich politisch mit dem König von England überwarf, fühlten sich vier anglonormannische Ritter vom König beauftragt, den Lordkanzler zur Rechenschaft zu ziehen. Sie ermordeten Becket am 29. Dezember 1170 am Altar der Kathedrale von Canterbury.

Zwar wurde Thomas Becket zum Thema in Kunst, Literatur und Theater, nicht aber im Brauchtum. Natürlich kann man am heutigen Tag räuchern und orakeln, muss es aber nicht. Es ist eher ein Ruhetag oder Aufräumtag nach Weihnachten und eine Gelegenheit, sich auf Silvester vorzubereiten. Weil dieser Tag nicht durch Bräuche und Rituale belegt ist, eignet er sich gut, sich der Natur auszusetzen, Dunkelheit und Kälte auf einem Spaziergang zu erleben. Was für unsere Vorfahren unabweisbare Lebensbedingungen waren, erleben wir in unserem Kokon des Rundumschutzes kaum noch. Dem Regen zuschauen, Schnee unter den Schuhen knirschen hören, das Rascheln in einem Gebüsch erspüren – einfach unmittelbar erleben, was meist nur noch medial vermittelt wird. Abschalten, sich auf die Umwelt einlassen, kostet nichts, bringt aber Erfahrungen, die lange anhalten.

Man kann sich aber auch einmal an einen Brauch erinnern, der in jüngster Gegenwart wieder auflebt, nachdem er nahezu vollständig untergegangen schien: das Beiern – eben kein Freistaat, sondern eine Zeitansage.

„Gern wol hört ich vordem, wenn zum morgenden feste der küster beierte", heißt es in einem Gedicht von Johann Heinrich Vosz (1751–1826). Ab dem 14. Jahrhundert lässt sich das Beiern der Glocken belegen (1338 Aachen). Das Beiern oder Bammschlagen ist in Nordwesteuropa einmal weit verbreitet gewesen, nach dem Zweiten Weltkrieg in Deutschland aber kaum mehr praktiziert worden und fast in Vergessenheit geraten. Seit wenigen Jahren erst kommt das Beiern in immer mehr Kirchen wieder in Mode.

Das Wort „beiern" leitet sich vom nordfranzösischen „baier" ab, das mit „bellen" zu übersetzen ist. Das Bellen der Hunde und das Anschlagen der Glocken sind sprachlich immer synonym gesehen worden. Nicht von ungefähr heißt die Glocke im Englischen „bell". Unser Wort „beiern" scheint aus dem Niederländischen im 16. Jahrhundert geprägt worden zu sein. Die dortige – wohl aus dem Altfranzösischen abgeleitete – Vokabel „beijeren" (mittelniederländisch „beiaerden") war wohl Vorbild. Entsprechend heißt in den Niederlanden der Klöppel der Glocke auch „beijart". Das namensähnliche Bundesland der Bayern dagegen kennt das Beiern nicht.

Während in unserem Kulturkreis die Glocke meist in vollem Schwung bewegt wird und dabei der Klöppel an zwei Seiten anschlägt, wird die Glocke beim Beiern festgestellt und der Klöppel kurz vor dem Glockenrand montiert. Mithilfe von Seilzügen, die von den einzelnen Glocken zu einem Spieltisch führen, kann dann der an das Seil befestigte Klöppel mit Hand oder Fuß gegen die Glocke geschlagen werden.

Gebeiert wurde und wird am Vorabend von besonderen Festen: z. B. Weißer Sonntag, Fronleichnam, Kirmes und Neujahr. Beiermänner oder Bammschläger waren und sind meist gestandene Männer, die mit der nötigen Kraft am zugigen Standort tätig werden können. Das Team unter der Leitung eines Beiermeisters muss gut aufeinander eingespielt sein. Außerdem sollten die Männer nicht nur einigermaßen wetterfest und frostunempfindlich, sondern auch musikalisch und teamfähig sein. Anhand der Töne, die die einzelnen Glocken eines Geläutes hergeben, können die Männer eine Melodie spielen, die vielfach wiederholt wird. Hierher stammt auch die Bedeutung des umgangssprachlich verwendeten Wortes „beiern" für langweiliges, monotones Wiederholen.

Da die Glockeninstrumente keine beliebigen Töne hergaben, sondern nur pro Glocke einen ganz bestimmten Ton, konnten auch die Beier-Melodien nur auf diese Töne zugreifen. Die zu spielenden Melodien merkte man sich in Versform. Für Neuss ist belegt: „Bim bam beier, de Köster mach ken Eier. Wat mach he dann? Speck en de Pann. O du leeve Köstermann."

30. Dezember

Tagesheilige: Richard, Germar, Felix I.

Bezugsmonat: Juni

Wetterregeln:

Dezember kalt mit Schnee
tut dem Ungeziefer weh.

Von Weihnacht bis Dreikönigstag
aufs Wetter man wohl achten mag.

Wie sich die Witterung vom Christtag
bis Dreikönig verhält,
so ist das ganze Jahr bestellt.

Wenn sich Gut und Böse begegnen, und warum wir ins neue Jahr rutschen

In zahlreichen Gemeinden hat es sich eingebürgert, einen gemeinsamen Gottesdienst zum Jahresabschluss zu feiern. In diesem dankt man nicht nur für alles Gute, was einem widerfahren ist. Man gedenkt auch all derer, die in diesem Jahr aus dem Leben geschieden sind.

Im bayerisch-österreichischen Alpenraum, aber auch in Südtirol und der Oberpfalz toben sich die Perchten aus. Sie ziehen, in Pelze und Felle gehüllt, mit Schellen bewaffnet und finsteren Tiermasken vor dem Gesicht durch die Orte. Zur Mitte der Rauhnächte, zu Silvester, soll Wotan mit den Geistern und Toten zur wilden Jagd aufbrechen. Im Brauchtum wird dies dargestellt durch die Perchten, an deren Spitze Frau Perchta steht, vorne Sonne und hinten Teufel. Zentrales Motiv der Perchten ist die Dualität von Tag und Nacht, Leben und Sterben, Gut und Böse. Der Teufel ist mit Abstand der „schiachste" Percht. Er muss die Mädchen in die Arme der Schönperchten treiben. Schönperchten stehen für das Leben, das Licht und die Ordnung. Sie versinnbildlichen Frühling, Fruchtbarkeit und Wärme. Neben den Perchten gibt es noch Musiker mit Trommeln, Kuhglocken und Blasinstrumenten. Schlenzer und Schnabelperchten erschrecken und ärgern die Zuschauer, sammeln Geld und/oder stibitzen Gegenstände. Die Tänzer sollen das Böse austreiben und das Gute binden. Sie hüpfen und wirbeln durcheinander. Im Zentrum ihres Tanzkreises steht Frau Perchta.

Im jüdischen Kulturkreis heißt Neujahr Rosch ha-Schanah, „Kopf des Jahres". Es bezeichnet den Jahresanfang im jüdischen Kalender und fällt in den September oder die erste Oktoberhälfte. Der Begriff Rosch ha-Schanah, so neh-

men einige Sprachforscher an, soll die Vorlage für den „Rutsch in das neue Jahr" gewesen sein. Als einer der höchsten jüdischen Festtage wird das Neujahrsfest zwei Tage lang gefeiert. Es gilt als Tag des himmlischen Gerichts über die Menschen und leitet daher die zehn Bußtage ein, deren Höhepunkt der Jom Kippur bildet. Charakteristisch ist das feierliche Blasen des Schofar in der Synagoge, das Backen besonders geformter Neujahrsbrote und der Brauch, das erste Stück des Neujahrsbrotes und Äpfel in Honig zu tauchen, womit die Hoffnung auf ein „süßes Jahr" ausgedrückt werden soll.

In der Orthodoxen Kirche gilt der 2. Januar als Tag des heiligen Silvesters. Der 1. Januar ist mit der Gestalt des heiligen Basilios von Caesarea (Basilius der Große) verbunden. Ihm zu Ehren wurden viele Neujahrsbräuche in Ost- und Südosteuropa üblich, wie das Singen von Neujahrsliedern, in Griechenland Kalanda, im Raum des früheren Jugoslawiens und in Bulgarien Koleda, in Rumänien Colinda und in Russland Koljada genannt, immer abgeleitet von den altrömischen Kalenden. In Griechenland ist außerdem der „Basilioskuchen", „Vasilopita", sehr populär geworden, in dem eine Münze eingebacken ist, die für das kommende Jahr Glück bringen soll – und wahrscheinlich Vorbild für die Münze oder Bohne im Königskuchen ist.

31. Dezember

Tagesname:	Silvester

Tagesheiliger:	Papst Silvester I.
Bezugsmonat:	Juli
Besonderheiten:	Letzter Tag des Jahres, Lostag

Wetterregeln:

Donnert's im Dezember gar,
kommt viel Wind im nächsten Jahr.

Auf kalten Dezember mit tüchtigem Schnee
folgt ein fruchtbares Jahr mit reichlichem Klee.

Silvester wenig Wind und Morgensonn'
gibt viel Hoffnung auf Wein und Korn.

Warum wir beim Schälen des Apfels die Schale nicht abreißen lassen sollen

Silvester, benannt nach Papst Silvester I. (†335), muss gemeinsam im Kreis der Familie verbracht werden. Ein Kreis bietet Schutz gegen Dämonen, die in einen solchen Kreis nicht eindringen können. Der Lärm ist ein weiteres Mittel, die Bösen abzuhalten. Unter den drei besonderen Lostagen der Rauhnächte ist dies der beliebteste, weil man sich durch ihn tiefe Einblicke in das Kommende verspricht. Nach Anbruch der Dunkelheit wird geräuchert.

Alle Türen des Hauses müssen am 31. Dezember geöffnet werden, damit das Böse aus dem Haus ziehen kann. Im neuen Jahr dagegen soll man in der ersten halben Stunde nach Mitternacht alle Türen und Fenster des Hauses verschließen – außer der Hintertür, weil durch sie der Segen ins Haus kommt. Am Silvesterabend konnten listige Mitmenschen am Zaun zum Nachbarn rütteln. Im neuen Jahr kamen dann angeblich dessen Hühner zum Eierlegen auf das eigene Grundstück.

Weil böse Geister sich in Unrat und Unordnung wohlfühlen, werden Haus und Leben aufgeräumt. Am besten bringt man Geliehenes zurück und lässt sich Verliehenes zurückgeben. Bis in die jüngere Zeit war die Auffassung weitverbreitet, dass sich zauberkundige Menschen, die mit dem Teufel einen Pakt geschlossen hatten, in dieser Nacht in Werwölfe (= Lykanthrophie) verwandeln und Mensch und Vieh bedrohen.

Weit verbreitet war an diesem Abend das Apfelorakel: Ein Mädchen schälte einen Apfel so, dass die Schale ein unzerschnittenes langes Band bildete. Dieses warf sie hinter sich. Ließ sich aus dem Apfelschalenband ein Buchstabe erkennen, so war es der erste Buchstabe im Namen des Zukünftigen. In Sachsen pflegte man das Tremmelziehen (Tremmel = Knüppelholz): Um Mitternacht musste ein Mädchen schweigend ein Holzscheit aus dem aufgestapelten Kaminholz ziehen. Ein gerades und glattes Scheit kündigte einen jungen, starken Ehemann an, ein Aststück einen alten, krummen.

Traditionell ist die Erbsensuppe das Silvestergericht. So zahlreich und schmackhaft wie die Erbsen sollen Geld und Wohlstand im neuen Jahr im Haus sein. Gleiches gilt für Linsen oder Sauerkraut, die an diesem Tag gegessen werden. Tradition hat auch das Fischessen zu Neujahr bzw. an Silvester. Der Neujahrsfisch bzw. Silvesterkarpfen steht für Fruchtbarkeit, Fülle und Vermehrung, was man sich für das neue Jahr wünschte. Unter den Teller oder in eine Geldbörse legt man eine Fischschuppe (einen Pfennig oder Cent). Das eine Teil soll viele andere der gleichen Sorte anlocken. An diesem Tag kommt auch der Gutjahrsring, ein mit Fruchtbarkeits- und Glückssymbolen verziertes Hefegebäck, auf den Tisch, das aus vielen Rosinen und anderen leckeren Zutaten besteht. Geflügel sollte man nicht essen, denn das Glück könnte davonfliegen.

Bleigießen an Silvester dient der Zukunftsschau. Aber nicht die Formen selbst werden gedeutet, sondern ihr Schattenwurf, den man mit einer Kerze (oder Taschenlampe) auf einer Wand erzeugt. So bedeutet eine Pistole Betrug in der Liebe, ein Herz zeigt an, das sich jemand im kommenden Jahr verlieben wird. Ein Käfer weist auf eine bevorstehende Affäre, ein Kleeblatt auf Glück und Zufriedenheit hin. Ein Schwein verspricht eine volle Ladung Glück.

In den Alpenländern bestand zu Silvester der Brauch, dass sich ein junger Mann als Silvester oder „altes Jahr" verkleidete und während der abendlichen Lustbarkeiten am Ofen saß, allerdings jedes Mal aufsprang und ein Mädchen küssen durfte, wenn es in seine Nähe kam. Kurz vor 24 Uhr verteilte der Hausherr an alle Gäste grüne Zweige. Mit Glockenschlag 24 Uhr vertrieben dann alle den Silvester aus dem Haus. Genannt wurde dieses symbolhafte Spiel „Silvesterschlagen".

Silvester war Bechtelitag, d. h. der Tag, an dem Knechte und Mägde den Arbeitgeber wechseln konnten oder mussten. Auf dem Hof gab es ein Abschiedsessen, das Bechtelsmahl. Der Hausherr spendierte für Familie und Personal ein Festessen, bei dem man – dort, wo man sich das leisten konnte – auch vom neuen Wein kredenzte.

Zu Silvester gehörte der Silvesterscherz, bei dem man versuchte, die lieben Mitmenschen mit „Narrenaufträgen" hereinzulegen. Neulinge, Fremde, Einfältige und neugierige Kinder wurden losgeschickt, ein außerordentlich seltenes oder wertvolles Tier zu fangen. Dazu wurden sie mit „unfehlbaren" Fangmethoden vertraut gemacht, die von ihnen einen geduldigen Einsatz verlangten. Derartige Fantasietiere sind: Bäwer, Elbe(n)tritsche, Rasselbock, D(r)lappen, Dieldapp, Dilldappen, Dölpes, Lämmes, Lemkes, Girike, Ellgriesli, Greiß, Kreißen, Schavakke, Trappen, Wolpertinger. Diese „Tiernamen" sind vielfach Begriffe, die synonym für „Tölpel" oder „Dummkopf" stehen. In Norddeutschland gibt es das „Bunsen" oder „Bucksen jagen". Die „Buckse" (= Hose) wird vor eine Öffnung gehalten, durch die das wertvolle Tier schlüpfen soll. In Wirklichkeit wird eine Schaufel Mist durch die Öffnung geworfen, was man aus gesundheitlichen Gründen keinesfalls nachahmen sollte. Daneben gab es auch andere Aufträge wie z. B. die Beschaffung von „Haumichblau", zu dessen „Genuss" nach der Beschaffung der Auftragnehmer eingeladen werden kann. Andere Suchobjekte sind: das Augenmaß, die Dachschere, ein Böschungshobel, Gewichte für die Wasserwaage ...

Kurz vor 24 Uhr an Silvester steigt man auf einen Stuhl, um pünktlich mit dem ersten Glockenschlag „ins Glück zu springen". Dieser „Neujahrssprung" steht für den Ausstieg aus dem alten Jahr und gleichzeitig für den aktiven Beginn des neuen Jahres im Schutz der Gemeinschaft.

1. Januar

Tagesname: Neujahr

Tagesheiliger: Hochfest der Gottesmutter Maria

Bezugsmonat: August

Besonderheiten: Schwendtag

Wetterregeln:

Neujahrsnacht still und klar,
deutet auf ein gutes Jahr.

Neujahrstag mit Sonnenschein
lässt das Jahr recht fruchtbar sein.

Am Neujahrstag kalt und weiß,
wird der Sommer später heiß.

Wer besäße nicht gerne einen „Zwölferbesen"?

Schwendtage (von mhd. swende = Vernichtung, Verbannung) oder „verworfene Tage" sind im Volksglauben Unglückstage, die es im Christentum eigentlich nicht gibt. Die im antiken Rom bekannten Unglückstage, dies atri (Singular, dies ater = Schwarzer Tag), wurden durch die Christen jedoch umgedeutet zu Tagen, an denen man nichts Neues anfangen soll, nicht auf Reisen gehen darf oder sich operieren lassen soll. Altes muss aber an diesen Tagen entfernt werden: Ausmisten, Unkrautjäten oder Putzen waren erlaubt. Als Schwendtage in den Rauhnächten galten der 1., 3. und 6. Januar.

„Frühes Aufstehen am Neujahrstag verheißt ein gutes Arbeitsjahr", war ein Spruch derer, die auf Ordnung hielten und mit Nachdruck die Einhaltung von Verpflichtungen forderten.

Der Neujahrsmorgen bot ein Rezept für völlig Verrückte: Man sollte Lebkuchen in Schnaps einlegen, anzünden und dann essen! Wer das überlebte, sollte vor Sodbrennen gefeit sein. Vielleicht war aber das Sodbrennen dann eher das geringere Übel!

Sieht man am Neujahrstag einen Raben oder einen schwarzen Hund, kündigt das bald einen Todesfall in der Familie an. Ein von den Hexen in den Rauhnächten verlorener Besen heißt „Zwölferbesen". Ein solcher Reisigfeger hatte besondere Zauberkraft. Er heilt krankes Vieh und macht saure Milch wieder genießbar.

Der Neujahrstag bot und bietet sich zum „Nach"-Feiern an. In manchen Dörfern besucht man die Nachbarn und Freunde und wünscht ein gutes Jahr, auf das man dann natürlich gemeinsam anstoßen muss – hoffentlich nicht so lange, dass es anstößig wird. Früher suchten die Patenkinder ihre Paten auf und erhielten ein kleines Geschenk.

Vom Anfang des neuen Jahres schloss man auf dessen weiteren Verlauf: War das Wetter am Neujahrstag mild, war das Jahr über gemäßigtes Wetter zu erwarten, war es stürmisch, stünde ein wechselhaftes Jahr bevor; war es kalt und heiter, erhoffte man sich Gesundheit, war es neblig und windig, befürchtete man Krankheit im kommenden Jahr. Wer am Neujahrstag Geld hatte, würde das ganze Jahr über Geld verfügen. Es galt deshalb, kein Geld auszugeben oder auszuleihen. Aber auch die Verhaltensweisen, die man an den Tag legte, würden sich das ganze Jahr fortsetzen. Deswegen sollte man darauf achten, früh aufzustehen, sich ordentlich anzuziehen und nicht hinzufallen; ratsam war es auch, guter Stimmung zu sein und keine unnötige Handarbeit zu verrichten. Um die Fruchtbarkeit zu erhöhen, sollte man etwa Obstbäume schütteln, klopfen oder beschenken. Dem Vieh war besonderes Futter zu verabreichen. Um die eigene Gesundheit zu erhalten, wurde dringend empfohlen, Erbsensuppe zu essen. Möhren, Linsen, Weißkraut, Schuppenfische und Getreidekörner, insbesondere Hirse, sollten hingegen das Vermögen vermehren. Schweinefleisch und Sauerkraut versprachen dauerhaftes Glück. Der Verzehr von Brennnesselkuchen sollte zum Vorteil gereichen, Bier verjüngen, Gebäck das Jahr versüßen. Von Äpfeln jedoch sollte man absehen, sofern man sich keine Geschwülste zuziehen wollte.

Weil das neue Jahr willkommen geheißen werden muss, entstanden Bräuche zur Begrüßung des neuen Jahres. Man versammelte sich auf dem Kirchplatz, wo das neue Jahr durch einen Posaunenchor und gemeinsame Lieder empfangen wurde. Glocken, Alarm- und Schiffsirenen, Hupen, Schreien, Böllern waren und sind beliebte Mittel der Begrüßung. Begriffe wie „Höllenspektakel" oder „Höllenlärm" verweisen auf den Deutungszusammenhang, in den das Christentum den Lärm einordnete. In vorchristlicher Zeit sollte Lärm die Zauberkraft der Dämonen brechen.

Gepaart mit der Abwehr böser Geister tritt die Lust an gemeinschaftlich erzeugtem Lärm auf, der vielfach in strenger rhythmischer Ordnung erfolgt (z. B. bei Lärmumzügen), aber auch seine Freude am chaotischen Durcheinander haben kann. Klopfen und Klöpfeln, Trommeln und Rummeln, Peitschenknallen (Aperschnalzen) und Schießen, Feuerwerk und Musizieren, Singen und Glockenschellen (Schellenrühren) treten in diesem Zusammenhang auf. Die Rauhnächte bilden jahreszeitlich schwerpunktmäßig eine Hauptphase des Lärmbrauchtums, vor allem zu Silvester, das heute durch Feuerwerke eine Ergänzung gefunden hat.

Freigebigkeit zu Neujahr sollte reichen Geldsegen einbringen. Im Norden Deutschlands haben einmal in manchen Orten vor den Häusern Tische gestanden, von denen man sich bedienen konnte, ja musste, wollte man nicht die Schuld am fehlenden Glück der anderen übernehmen. Auf Helgoland hielt der Wirt in der Neujahrsnacht seine Gäste frei. Aller Anfang geht mit, sagt der heilige Augustinus. Der Glaube, dass Form und Inhalt eines Neuanfangs die ganze restliche Folge prägen, ist uralt. Nicht nur jüdischer Tradition entspricht es, alte Schulden im alten Jahr zu begleichen. Das neue Jahr hat man frisch gewaschen zu begrüßen, symbolisch wird der alte Schmutz abgewaschen. Oft gehörte dazu, dass man völlig neu eingekleidet war. Die Reinigung vom Alten bietet im neuen Jahr Schutz. Was an Neujahr geschah, hatte nach dem Glauben unserer Vorfahren Auswirkungen auf das ganze Jahr. Entsprechend heißt es im Erzgebirge: Wenn man Neujahr etwas falsch macht, geht es das ganze Jahr verkehrt. Streit ist deshalb Neujahr tabu, Ordnung in allen Bereich oberste Pflicht, ebenso Überfluss bei Essen und Trinken, damit niemand im neuen Jahr hungern muss.

Das Neujahrsgebäck tritt auf als Neujahrskringel, -kranz, -zopf, -brezel, -striezel oder (im Rheinland) Neujährchen. Es ist ein Glücksgebäck. In der Regel bestand es aus Weizenmehl, zusätzlich verwendet wurden gerne Körner, die Vielfalt und Überfluss verdeutlichten: Mohn und Hirse. Auch Lebkuchengebäck gibt es zum neuen Jahr. Die Form des Gebäcks, z. B. der Kranz, symbolisiert nicht nur den ewigen Kreislauf des Jahres, sondern auch den vor Dämonen schützenden Kreis. Der Zopf stellt eine ähnlich verstandene Metapher dar. In Ostfriesland war der Neujahrskuchen als springendes Pferd geformt, in der Schweiz hieß das entsprechende Gebäck Heilswecken. Im Rheinland ist ein „Neujährchen" meist dem vierblättrigen Kleeblatt nachgebildet oder einfach rund, oft verziert mit Symbolen der Ewigkeit.

Die notwendige Harmonie am Anfang des neuen Jahres drückte der Neujahrstanz aus. Es ist die Bezeichnung für den ersten Tanz im neuen Jahr, der die Harmonie und Zuneigung ausdrückt, die im ganzen Jahr erhalten bleiben soll. Was den einen der Neujahrstanz ist, ist den Niederländern (und manchem Niederrheiner) das Neujahrsschlittschuhlaufen. Zu Neujahr trifft man sich zu diesem gemächlich-geselligen Treiben, trinkt anschließend im Freundeskreis miteinander Kakao. Glücksbringer sollen dem ersehnten Glück nachhelfen. Glück wird beschworen durch symbolische Gaben, durch das Verschenken von Glücksbringern oder Glückssymbolen, die das Geld anlocken sollen wie z. B. Fischschuppen oder Glückspfennige im Portemonnaie. In Verbindung mit Neujahr gibt es zahlreiche Glücksymbole: Glücksklee, Glücksschwein, Hufeisen, Schornsteinfeger.

2. Januar

Tagesheilige: Basilius der Große, Gregor von Nazianz, Makarios von Alexandria

Bezugsmonat: September

Besonderheiten: Schwendtag, Berchtoldstag (Schweiz)

Wetterregeln:

Makarios das Wetter prophezeit
für die ganze Erntezeit.

Wie das Wetter zu Makarios war,
so wird's auch im September – trüb oder klar.

Wie der Basilius,
so der September.

Der „Berchtoldstag" – Ersatz für einen „verlorenen" Feiertag

Am 2. Januar feiert die lateinische Kirche das Gedächtnis des heiligen Basilius. Basilius, um 330 in Caesarea, dem heutigen Kayseri in der Türkei, geboren und am 1. Januar 379 verstorben, war Erzbischof in seiner Heimatstadt. Er trat hervor als Bekämpfer des Arianismus, einer christlichen Sekte, und Garant des Zusammenhalts unter den Bischöfen. Er gilt als der Größte unter den sogenannten drei Kappadokern, zu denen noch sein leiblicher Bruder Gregor von Nyssa sowie Gregor von Nazianz zählen. Basilius wird nicht nur zu den Kirchenvätern gezählt, sondern gilt auch als der Vater des östlichen Mönchlebens. In weiten Teilen des Geltungsbereichs der Ostkirche erhalten die Kinder am Festtag des hl. Basilius, statt an Weihnachten, Geschenke. In das griechische Neujahrbrot wird eine Gold- oder Silbermünze eingebacken, die dem Finder im neuen Jahr Glück bringen soll.

In einigen Kantonen der Schweiz mit alemannischer Bevölkerung, in Liechtenstein und Teilen des Elsass, begeht man am 2. Januar den „Berchtoldstag". Weder gibt es bei den Katholiken einen hl. Berchtold, geschweige denn bei den Reformierten. Der „Berchtoldstag" (auch: Bächtelistag, Berchtelistag, Bertelistag, Bärzelistag, Bechtelstag, Bechtle oder Nachneujahr) ist ein Feiertag und öffentlicher Ruhetag. Viele Arbeitnehmer arbeiten nicht, müssen aber dafür einen Urlaubstag hergeben oder Überstunden abbauen.

Die Behauptung, der Tag gedenke einer Göttin Berchta oder Perchta, lässt sich nicht beweisen. Die Sprachforschung sieht die Bezeichnung des Tages von „Epiphanias", dem Dreikönigstag, abgeleitet. Nachdem die Reformatoren den Dreikönigstag ersatzlos gestrichen hatten, bürgerte sich dieser Tag als arbeitsfreier Nachfeiertag zum Neujahrstag ursprünglich allein in den reformierten Kantonen ein und kompensierte die Epiphanie. Er ist ein Äquivalent für Heilige Drei Könige.

Der Berchtoldstag ist in der reformierten Schweiz mit Winter-, Neujahrs- und Fastnachtsbrauchtum verbunden. Die katholische Schweiz stellt dagegen Dreikönige ins Zentrum. In der reformierten Schweiz wird am Berchtoldstag die Geselligkeit gepflegt, man findet sich in Kneipen, um zu „bächteln". Musikgruppen ziehen von Kneipe zu Kneipe, in denen von den Gästen Speis und Trank genossen wird. Angeboten werden „Bächtelswurst" und „Bächtelsweggen".

In Zürich schickten früher die Zunftmitglieder an diesem Tag ihre feierlich gekleideten Kinder in die Zunftstube, um einen Geldbeitrag zugunsten der Beheizung der Zunftstube (Stubenhitz, Stubehitzete) abzuliefern. Daraus hat sich der Brauch entwickelt, auf diesen Tag hin Printprodukte („Neujahrsblätter") zu produzieren und zu verkaufen.

In Frauenfeld begeht man den Festtag am dritten Montag im Januar mit einem „Bürgermahl", bei dem eine „Salzisse" genannte Brühwurst zu Brot und Wein zum Einsatz kommt.

In anderen Orten ziehen „Baerzilibuebe" als schaurige Maskengestalten umher, in Interlaken „Potschete" genannt. Das damit früher verbundene Heischen der Kinder ist in Vergessenheit geraten.

3. Januar

Tagesheilige: Genovefa, Irmina, Odilo

Bezugsmonat: Oktober

Besonderheiten: Schwendtag

Wetterregeln:

Wenn sich im Hartung (= Januar) die Katze in
der Sonne streckt, sie sich im Hornung
(= Februar) hinter dem Ofen versteckt.

Bringt Genoveva uns Sturm und Wind,
so ist uns Waltraud (= 9. April) oft gelind.

Januar muss vor Kälte knacken,
wenn die Ernte soll gut sacken.

Ein Tag, um zum Faulpelz zu werden

Dieser zweite Schwendtag in den Rauhnächten hat keine Anlässe und Verpflichtungen und kein eigenes Brauchtum, es sei denn, man nutzt diesen Tag als Ruhetag. Dieser Tag ist ein „verworfener Tag" oder Nöttelestag (Elsass): Keine Reise, Urlaub, Operation, Heirat, Vertragsabschlüsse usw. waren denkbar.

Dieser Tag ist geeignet, einmal darüber nachzudenken, was Beschenktwerden und Gastsein bedeuten. Denn nicht nur das Schenken ist eine Tugend und eine Kunst. Das Sich-beschenken-Lassen will auch gelernt sein. Der Orient erklärt es in Form einer Geschichte:

Ein Derwisch, ein islamischer Bettelmönch, war in einer Winternacht auf der Suche nach einem Quartier. Er klopfte an alle Türen, die er fand. Niemand wollte ihn aufnehmen. Erst an der letzten Tür bekam er den Hinweis: „Wenn du dieser Straße noch weiter folgst, kommst du an ein abgelegenes Haus, das eigentlich nicht mehr zu unserem Dorf gehört. Da wohnt Ibrahim. Bei dem kannst du übernachten. Aber sei gewarnt, denn er verprügelt seine Gäste."

Der Derwisch bedankte sich und begab sich auf den Weg. Bei sich dachte er: Oh Gott, ich bin müde und hungrig und eigentlich ein guter Mensch. Muss ich mich denn jetzt auch noch verprügeln lassen, um Gastfreundschaft zu erlangen? Er kam an die Türe von Ibrahim und klopfte sehr leise an. Die Türe öffnete sich und vor ihm stand ein stattlicher Mann, der ihn sehr freundlich begrüßte. „Komm rein", sagte er zum Derwisch und, „mach es dir bequem. Fühle dich wie zu Hause. Möchtest du ein Bad nehmen?" Der Derwisch dachte bei sich: Ein Bad, oh ja gerne. Er bekam frische Kleider und setzte sich nach dem Bad an eine reich gedeckte Tafel. Es schmeckte köstlich und der Derwisch fühlte sich behandelt wie ein hoher Herr. Zum Abschluss gab es noch den wunderbarsten Mokka, den er jemals getrunken hatte. Dann zeigte ihm Ibrahim sein Zimmer mit einem frisch bezogenen Bett in einem nach Rosen duftenden Raum.

Der Derwisch hatte einen ungestörten, erfrischenden Schlaf. Als er aufwachte, war der Frühstückstisch gedeckt und es duftete nach Kaffee und frisch gebackenem Brot. Er dachte bei sich: Oh Gott, das dicke Ende kommt bestimmt noch, denn er war ja gewarnt worden. Ibrahim begrüßte ihn mit einem freundlichen Lächeln. Und der Bettelmönch vergaß für einen Moment die Warnung, denn die Gegenwart seines Gastgebers war so ungezwungen, dass sie scherzten, lachten und erzählten, als wären sie alte Freunde.

Dann war die Stunde des Abschieds für den Derwisch gekommen. Und er dachte bei sich: Oh Gott, jetzt verprügelt er mich. Aber Ibrahim griff in seine Tasche und gab dem Derwisch noch einen Beutel mit Geld für seine Reise. Sie umarmten sich herzlich und der Derwisch rechnete damit, dass ihn jetzt die Schläge treffen würden. Aber nichts dergleichen geschah.

Als er bereits eine Strecke gegangen war, machte der Derwisch kehrt und ging zu dem Haus seines Gastgebers Ibrahim zurück. Ibrahim öffnete und dachte, sein Gast hätte etwas vergessen. Der Derwisch aber sagte: „Ibrahim, lieber Freund, im Dorf erzählt man über dich üble Geschichten. Du seist ein schrecklicher Gastgeber, der seine Gäste immer verprügelt. Das stimmt aber doch gar nicht!"

Ibrahim entgegnete: „Doch, es stimmt, was die Menschen im Dorf sagen. Ich verprügele sie, denn sie beleidigen mich. Wenn sie mich besuchen und ich biete ihnen meine Gastfreundschaft an, sagen sie bei allem, was ich ihnen anbiete: ‚Oh nein, vielen Dank! Mach dir keine Mühe und Umstände, ich gehe sowieso gleich wieder.' Sie kränken mich damit, denn sie können meine Freundlichkeit nicht annehmen. Sie haben nicht gelernt, Gast zu sein. Sie haben nicht gelernt zu geben und nicht gelernt zu nehmen und damit den Geber zu ehren. Und weil sie das nicht können, deshalb verprügele ich sie."

Die Rauhnächte lehren uns: Wir sind unterwegs auf einem Weg zu einem Endpunkt, der aber glücklicherweise einen Neuanfang birgt. In den Rauhnächten lernen wir zu schenken und beschenkt zu werden. Wir alle sind nur Gast auf Erden, wie ein bekanntes Kirchenlied lehrt.

4. Januar

Tagesheilige: Roger, Maro, Angela

Bezugsmonat: November

Besonderheiten: Schwendtag

Wetterregeln:

Gibt es nun viel Regen,
gibt's dem Sommer keinen Segen.

Kommt der Frost im Januar nicht,
zeigt er im März sein Gesicht.

Januar ganz ohne Schnee
tut Bäumen, Bergen und Tälern weh.

Eine Einladung zum Brezelbrechen

Die Brezel (lat. precedella, jiddisch Bejgel) ist heute kaum mehr ein seltenes Festgebäck, auch wenn sie vor allem an Festtagen z. B. als Neujahrsbrezel, Kirmesbrezel, Osterbrezel usw. gehäuft auftritt. Die Geschichte der Brezel (vielleicht abgeleitet von lat. bracellum = Arm, oder brachia oder bracciola = verschlungene Arme/ Ärmchen) reicht weit in das Dunkel der Vergangenheit zurück. Die wahrscheinlich in vorchristlicher Zeit zu kultischen Zwecken als Opfergebäck und Grabbeigabe hergestellten Salz- und Laugenbrezeln wurden vom Christentum adaptiert. Dazu gibt es mehrere Erklärungsversuche: Dem heidnischen Sonnenreif wurde das Andreaskreuz hinzugefügt; das römische Ringbrot, das früher auch in der Liturgie gebrochen wurde, war Vorbild für diese Brotform. Als Ring mit einem Kreuz in der Mitte erschien die Brezel vielen als Symbol für den Strick, mit dem Jesus am Ölberg gefangen genommen und gefesselt wurde. Sie soll auch die Hände eines Mönchs darstellen, der seine Hände in die Kuttenärmel steckt.

Im Mittelalter wurden die Brezeln zum typischen Frühjahrs- und Fastengebäck, später aber ein Geschenk für Kinder und Bedürftige an kirchlichen Festtagen. Zu keiner Zeit galten die Brezeln als typisches Hausgebäck. Sie wurden vom „Brezelbäck" hergestellt und gerieten zum Markenzeichen der Bäcker, die ihre Dienste unter dem Zeichen der Brezel anboten und noch heute anbieten. Aber nicht nur als Opfergebäck, Grabbeigabe, Fastenspeise oder Festtagsgeschenk wurde und wird die Brezel benutzt, auch zu freudigen Anlässen: Paare oder solche, die es werden wollen, brachen früher zeichenhaft gemeinsam die Brezel. Anderswo überreichten sich unverheiratete Männer und Frauen die sogenannte „Liebesbrezel"; wurde sie vom andern angenommen, galt dies als Zusage an den Verehrer. Auch als Glücksbringer scheint die Brezel eine Rolle zu spielen; das Verschenken von Brezeln, scheint auch, mit altüberlieferten Fruchtbarkeitsriten verbunden zu sein.

Die Brezel steht aber auch in Verbindung mit der Schule. Die Kinderliedersammlung des Achim von Arnim (1781–1831) und Clemens von Brentano (1778–1842), „Des Knaben Wunderhorn" (Heidelberg 1806/08), ist mit dem Wort „Kinderlieder" überschrieben, das aus Brezeln gebildet ist. Diese Zeile spielt auf den alten Schulbrauch an, den Kindern das Abc mithilfe der Brezel beizubringen. Aus ihr lassen sich nämlich alle Buchstaben und Buchstabeneinzelteile herausbrechen. Die Brezel wurde zu Schuljahresbeginn und zu Schulfesten ausgeteilt, weshalb ihr Name auch von einigen vom lat. pretiola (der kleine Preis) abgeleitet wird. Ob das Gebäck mit Namen „Russisch Brot" damit in einer Beziehung steht, ist nicht bekannt. Aber das Essen von Schrift ist ein magischer Brauch und ein didaktisches Hilfsmittel. Topangebote sind sogenannte Alphabetkuchen. Und eine Fortentwicklung sind Schokoladenbuchstaben. In den Niederlanden werden die Anfangsbuchstaben des Vor- und Familiennamens aus Schokolade zu Nikolaus verschenkt. Auf Nikolaus fußt das christliche Schenken. Es ergibt Sinn, denn in der uralten Legende des Heiligen aus dem 5./6. Jahrhundert wird berichtet, dass der Heilige einen Vater und seine drei Töchter, die dieser nicht standesgemäß verheiraten konnte, dadurch rettete, dass er ihnen nachts unerkannt aus seinem eigenen ererbten Vermögen Gold in ihr Haus warf, sodass die jungen Frauen vor der Prostitution bewahrt wurden. Aufgrund dieser Legende bildete sich traditionell das Schenken zu Nikolaus als geheimes Schenken aus. Unsere Vorfahren haben zu Nikolaus heimlich die Kinder beschenkt, weil sie ihre Geschenke stellvertretend für den Heiligen Nikolaus gaben.

5. Januar

Tagesheilige: Aemiliana, Roger, Gerlach

Bezugsmonat: Dezember

Besonderheiten: Fest des Bohnenkönigs, Perchtentag

Wetterregeln:

Putzt säuberlich Stall und Haus,
denn die drei heiligen Könige zogen aus.

Soll man den Januar loben,
muss er frieren und toben.

Januar trocken und rau,
nützt dem Getreideanbau.

Der Bohnenkönig
oder Lord Misrule und Königin Markfett

Im Alpenraum finden am Vorabend zum 6. Januar die Perchtenläufe oder Perchtenabende statt. Im Mittelpunkt steht Frau Perchta (auch Berchta, Domina Perchta, Perchtenmutter, Frau Welt, Frau Holle, Schiachpercht, Glöckler, Schönperchta). Diese Figur trägt eine Maske, die von vorn ein dämonisches Antlitz, von hinten die lieblichen Züge der neugeborenen Sonne zeigt (= Schönpercht). Sie wird begleitet von in Fellen gewandten Dämonen, die furchterregende Holzmasken tragen mit Reißzähnen und Hörnern. Beim Maskenumzug werden die Felder mit Weihwasser besprengt, um die Erde zum Leben zu wecken. Vor die Haustür stellt man der Perchta Speisen, um sie zu besänftigen. Im Volksglauben überwacht Perchta die Regeln für Ernährung, Arbeit und Sauberkeit in den Rauhnächten. Sie lobt und fördert die Fleißigen und deren Hilfsbereitschaft, straft die Faulen und Verfressenen. Die aus dem Märchen bekannte Frau Holle gilt als Schutzpatronin der Rauhnächte. Die Wolkengöttin achtet darauf, dass alle ihren Talenten nach fleißig arbeiten. In den zwölf Rauhnächten aber möchte sie, dass man nicht arbeitet und zur Besinnung kommt. Der Name geht zurück auf die germanische Göttin Holda oder Hel, Göttin der Unter- oder Zwischenwelt, entsprechend der griechischen Göttin Hekate, was ihre Bedeutung für die Auszeit zwischen Weihnacht und Dreikönige erklärt.

Der Vorabend des Dreikönigstages spielt im Volksglauben eine besondere Rolle. Am letzten Abend der zwölf Rauhnächte treten noch einmal Jahresendbräuche auf: Dämonenglaube und Christentum waren hier bemerkenswert miteinander verknüpft. In Teilen Frankreichs und der Schweiz beginnt das Fest der Heiligen Drei Könige (6. Januar) noch heute am Vorabend mit dem Servieren des (Drei-)Königskuchens. Der aber ist etwas Besonderes – nicht nur weil er lecker ist, sondern weil in ihm eine Bohne (oder ein Porzellanfigürchen oder früher eine Münze) eingebacken ist. Wer in seinem Kuchenstück diesen Gegenstand findet, ist der Bohnenkönig und erhält eine Krone aus Goldpapier aufgesetzt. Damit aber nicht genug. Der Bohnenkönig gibt anschließend das Bohnenfest, das sich praktischerweise an das Kaffeetrinken anschließt und früher oft bis in den Morgen des Dreikönigstages dauerte. Das Bohnenfest ist ein Maskenfest, bei dem es verteilte Rollen gibt: Hofnarr und Mundschenk, Koch und Küchenmagd … Markant für das Fest ist aber der Ruf: „Der König trinkt!" Denn das ist die Aufforderung an alle, gleichfalls zu trinken. Im Französischen ist der Ruf: „Le roi-boit" zum Synonym des Festnamens geworden.

Dieses Königsspiel und die Ermittlung eines Königs durch den Zufall der Bohne oder Losbriefchen ist viel älter als der Name Bohnenfest, das sich bis in das 13. Jahrhundert zurückverfolgen lässt. Das Königreich, das durch ihn errichtet wird, gibt sich klar als Narrenfest zu erkennen. Es ist ein Reich auf Zeit und markiert im Kalender den Beginn der Fastnachtszeit. Erst ab Dreikönige finden seit alters her Maskenbälle und Narrensitzungen statt.

Zum Bohnenfest in der „Dreimahlsnacht" gehört das dreifache Mahl, das „Dreikönigsmahl", das zu Ehren der Heiligen Drei Könige serviert wurde. Übrigens feierten nicht nur die Herrschaften. Auch die Dienstboten kamen zu ihrem Recht: Am Sonntag nach Heilig Drei Könige feierten sie ein eigenes Fest unter dem Namen „Schwarzer König". Ihre Arbeitgeber statteten sie mit großen Broten aus, in die eine Bohne eingebacken war, und natürlich auch mit genügend Trinkbarem.

Verbreitet war das Bohnenfest einst in ganz Europa. In Frankreich backt man den „Galette des Rois", in Spanien den „Roscón de Reyes", in England den „King's Cake", in Katalonien den „Tortell de Reis". Der König heißt auch in anderen Sprachen „Bohnenkönig", z. B. im Englischen „Bean

King", in Frankreich „Roi de la fève". In England trägt der Bohnenkönig auch den Namen „Lord Misrule" (Herr der Unordnung/des Unfugs), und seine Gattin hat ebenfalls einen eigenen Namen: „Königin Markfett".

6. Januar

Tagesname: Epiphanie, Erscheinung des Herrn, Heilige Drei Könige

Tagesheilige: Caspar, Melchior, Balthasar

Bezugsmonat: Dezember

Besonderheiten: Lostag, Bohnenfest, Schwendtag, am Folgetag beginnt die Fastnachtszeit

Wetterregeln:

Heilige Drei König ohne Eis,
Pankratius (= 12.05.) weiß.

Heilige Drei König sonnig und still,
Winter vor Ostern nicht weichen will.

Ist bis Dreikönig kein Winter,
so kommt keiner mehr dahinter.

Von Sterndrehern, die zu selbstlosen Sternsingern wurden

Zum immateriellen Kulturerbe Deutschlands gehört das im ganzen deutschen Sprachraum (Österreich, Italien (Südtirol), Schweiz, Ost-Belgien) verbreitete und in sehr viel kleinerem Umfang und Varianten auch in anderen europäischen Ländern (Tschechien, Slowenien, England, Spanien und Skandinavien) gepflegte Sternsingen.

Der Brauch des Stern- oder Dreikönigssingens ist durch den Festtag der Heiligen Drei Könige am 6. Januar begründet. Als einziger der Evangelisten berichtet der Evangelist Matthäus von Magiern, die aus dem Osten kommen, um das Kind anzubeten. Doch ist bei ihm weder von Königen noch von der Dreizahl die Rede, noch haben die Magier eigene Namen. Erstmals spricht der griechische Kirchenlehrer Origines († um 254) von drei Magiern. Deren Zahl ist offenbar beeinflusst durch die Geschenke, die Matthäus erwähnt: Gold, Weihrauch und Myrrhe. Die Bezeichnung der drei als Könige ist seit dem 6. Jahrhundert nachweisbar: Caspar, Melchior und Balthasar.

Die Reliquien der Heiligen Drei Könige sollen durch Kaiserin Helena († 330), Mutter des ersten

christlichen römischen Kaisers Konstantin (um 280–337), aufgefunden worden sein. Sie gelangten nach Konstantinopel und wurden – einer Legende nach – von dort durch Bischof Eustorgius I. im 4. Jahrhundert nach Mailand verbracht. Sie ruhten in einem großen römischen Sarkophag in San Eustorgio. Als Kaiser Friedrich Barbarossa 1162 Mailand eroberte und zerstörte, bemächtigte er sich auch der Reliquien der Stadt. Die Reliquien der Heiligen Drei Könige überließ er seinem Kanzler, dem Kölner Erzbischof Rainald von Dassel (1159–1167), der sie am 23. Juli 1164 (Fest der Translation) feierlich in die Stadt Köln überführte. Hier wurde 1180–1225 durch den „Meister von Verdun" für die Reliquien ein kostbarer Reliquienschrein angefertigt, der größte erhaltene des Mittelalters. Er wurde Anlass zum Bau der Kölner gotischen Kathedrale, für die 1248 der Grundstein gelegt wurde. 1904 wurde ein Teil der Reliquien vom Erzbistum Köln an Mailand zurückgegeben.

1364, zweihundert Jahre nach der Überführung der Gebeine nach Köln, hat der Karmelitermönch Johannes von Hildesheim eine umfassende Legende verfasst, in der bereits vom Brauch die Rede ist, hinter einem vorweg getragenen Stern zu ziehen.

Nach heutigem Erkenntnisstand lässt sich das Sternsingen der Jugendlichen und Kinder am Dreikönigstag bis in die Mitte des 16. Jahrhunderts zurückverfolgen, wo es sich im Zuge der Gegenreformation ausbreitete. Den Quellen nach haben Klosterschüler und Chorsänger an Bischofssitzen, Klöstern und Stiften den Brauch eingeführt. Mit Alben, Kronen, Weihrauchfass und einem drehbaren Stern versehen, zogen die „Sterndreher" von Haus zu Haus, trugen überlieferte Sprüche und Lieder vor und erheischten Gaben.

Nach Erhalt eines kleinen Geschenks wurde an oder über der Haustür mit weißer Kreide die neue Jahreszahl mit dem Buchstaben C, M und B in der Form „20*C+M+B+20" angeschrieben. Abgekürzt waren das die Namen der Heiligen Drei Könige, die nach der damals verbreiteten Ansicht Geister und Dämonen abwehren sollten.

Nachdem der alte Brauch des Sterndrehens im 18./19. Jahrhundert weitgehend untergegangen war, wurde 1958 in Deutschland die Aktion Drei-

königssingen durch das Kindermissionswerk „Die Sternsinger" und den Bund der Deutschen Katholischen Jugend (BDKJ) neu begründet. Aus kleinsten Anfängen ist die weltweit größte Solidaritätsaktion von Kindern für Kinder entstanden. In Form von kleinen Sternsingergruppen in Kostümen der drei Könige sammeln Abertausende Kinder auf Ebene ihrer Pfarrei an den Haustüren und schreiben dann die Jahreszahl über die Haustüre, die jetzt ein Segensspruch ist: Christus mansionem benedicat – Christus segne dieses Haus.

Hatten die früheren Sterndreher die erheischten Gaben für sich gebraucht, geben die Sternsinger heute das gesammelte Geld ab. Mehr als 800 Millionen Euro wurden seither gesammelt, über 63.000 Projekte und Hilfsprogramme für Kinder in Afrika, Lateinamerika, Asien, Ozeanien und Osteuropa unterstützt. Mit den Mitteln fördert die Aktion Dreikönigssingen weltweit Projekte in den Bereichen Bildung, Gesundheit, Pastoral, Ernährung, soziale Integration und Rehabilitation sowie Nothilfe. Über die Mittelverwendung wird jedes Jahr öffentlich Rechenschaft gegeben. Das Sternsingen ist zwar eine katholische Aktion – aber in lange praktizierter ökumenischer Offenheit natürlich auch für evangelische Kinder, die teilnehmen möchten, zugänglich. Auch im aktuellen Brauch des Sternsingens sind noch abergläubische Elemente enthalten: Bei der liturgischen Aussendungsfeier der Sternsinger wird nicht nur der Weihrauch geweiht, sondern auch weiße Kreide für den Segensspruch, der von außen über oder an die Tür geschrieben wird. Weiß, die Geisterfarbe, täuscht die Dämonen, die hinter der Farbe Weiß ihresgleichen erwarten, aber schleunigst verschwinden müssen, wenn sie das religiöse Symbol erkennen.

In Italien gibt es keine Weihnachtsgeschenke. Am Dreikönigstag bringt „Befana" Geschenke. Der Name der Hexe Befana gibt das verballhornte Epiphania wieder. Wie eine vierte Königin sucht sie die Heiligen Drei Könige bei allen Familien mit Kindern. Wo sie liebe Kinder findet, hinterlässt sie Geschenke. Böse Kinder dagegen finden ein Stückchen Kohle in ihren Schuhen.

In der Antike galten Sterne als vernunftbegabte Lebewesen, die sich um die Welt sorgten. Oft wurden sie als Götter verehrt, weshalb sich konsequenterweise die Astrologie entwickelte. Im Rahmen dieser Vorstellungen entstand der – aus heutiger Sicht – Aberglaube, wonach das Schicksal eines jeden Menschen von dem Stern abhängig sei, unter dem er geboren wurde. Unter den Juden war der Sternenkult verpönt (vgl. Dt 4,19), aber ihnen und den Kirchenvätern galt er für die Heiden, damit sie „nicht gänzlich gottlos würden und gänzlich zugrunde gingen … Er war ein Weg, der ihnen gegeben worden war, damit sie sich durch die Verehrung der Gestirne zu Gott emporarbeiten sollten" (Clemens von Alexandria († 215), Strom VI, 110,3 ff.).

Der neu aufgegangene Stern von Betlehem wird als achteckiger Stern dargestellt und galt als frühchristliches Symbol für Christus. Die Ikonografie stellt den Stern von Bethlehem immer mit acht Strahlen dar. Die Zahl 8 ist von alters her die Symbolzahl der Christen, während es für die Juden die Zahl 7 war. Am siebten Tag feierten die Juden den Sabbat. Am Tag danach, nämlich am achten Tag, ist Jesus auferstanden. Der achte Tag ist als Tag der Auferstehung der Tag der Christen, der Sonntag. Die Zahl 8 wurde darum zum symbolischen Maß der Dinge. Wer in der Taufe mit Christus starb, um mit ihm aufzuerstehen, der tauchte in einem achteckigen Baptisterium (= Taufbrunnen) unter. Und als die Baptisterien durch Taufbecken in der Kirche ersetzt wurden, erstellte man sie achteckig.

„Eight days a week", singen die Beatles in einem ihrer Lieder. Aber unsere Woche umfasst doch nur sieben Tage? Das stimmt zwar, aber die Christen haben die 8 auch auf die Woche übertragen: Verabredet man sich zu einem Termin in genau einer Woche, so trifft man sich in „acht" Tagen. Jeder, der von diesen acht Tagen spricht, weiß, dass es nur sieben sind. Acht Tage werden es dadurch, dass man den ersten und den letzten Tag addiert. Stellt man die Zahl 8 quer, ergibt sich das Symbolzeichen „∞", das sinnigerweise „unendlich" oder „ewig" bedeutet. Ewigkeit und Auferstehung sind Lebensziel der Christen, die geboren werden, um zu sterben; die aber sterben, um ewig zu leben. Die Rauhnächte, die Inszenierung von Ende und Anfang, ritualisieren diesen Kern des christlichen Glaubens.

Ein Wort zum Ausklang

Die heilige Zeit der Rauhnächte füllt ein „Loch" im Kalender, das vor allem anderen durch ein Ende und einen Neuanfang gekennzeichnet wird. Das lässt sich auf das Leben übertragen, das gleichfalls ein Ende hat und als ewiges Leben neu beginnt. Wie möchte man gelebt haben, wenn das irdische Leben plötzlich endet und man vor dem Eintritt in die Ewigkeit sein Leben nicht mehr korrigieren kann? Man solle sub specie aeternitatis leben, unter dem Gesichtspunkt der Ewigkeit, haben die Alten gelehrt. So, dass man beim Eintritt in die Ewigkeit auf ein Leben nach Gottes Geboten verweisen kann.

Die Rauhnächte sind eine heilige Zeit, wenn sie Heil bringen, Ganzheit herstellen, Besinnung auf das Lebensziel, Antworten auf die drei Grundfragen liefern: Wo komme ich her? Wo gehe ich hin? Was soll ich tun? Die Zeit zwischen den Jahren bietet eine Neu-Verortung an, eine Überprüfung meiner Lebensstrategie. Diese Chance darf man sich eigentlich nicht entgehen lassen.

Bildnachweis

S. 5: © Alex Gontar/Shutterstock; S. 7: © stock.adobe.com/JFL Photography; S. 9: © stock.adobe.com/behewa; S. 10: © Baranov E/Shutterstock; S. 12: © stock.adobe.com/Yantra; S. 13: © Team 5/Fotolia; S. 14: © stock.adobe.com/ruskpp; S. 15: © stock.adobe.com/Barbara Pheby; S. 16: © etorres/Shutterstock; S. 18: © Simone Andress/Fotolia; S. 21: © stock.adobe.com/Alexander Raths; S. 23: © by-studio/Fotolia; S. 25: © Goos_Lar/Fotolia; S. 26 (li.): © stock.adobe.com/Alessandro Vecchi; S. 26 (re.): © stock.adobe.com/ Luca Rossatti; S. 27: © Anyka/Fotolia; S. 28: © Zvonimir Atletic/Shutterstock; S. 30: © BLACKDAY/Shutterstock; S. 31: © stock.adobe.com/Leon Grabandt; S. 32: © stock.adobe.com/Andrey; S. 36: © Eric Isselee/Shutterstock; S. 37: © stock.adobe.com/vandycandy; S. 39: © Marianne Mayer/Fotolia; S. 41: © snig/Shutterstock; S. 42: © stock.adobe.com/Manfred Herrmann; S. 44: © stock.adobe.com/Manfred Herrmann; S. 45: © stock.adobe.com/mstudio; S. 46: © stock.adobe.com/crisfotolux; S. 47: © stock.adobe.com/robynmac; S. 50: © stock.adobe.com/blende11.photo; S. 51: © stock.adobe.com/abcmedia; S. 53: © stock.adobe.com/htpix; S. 55: © stock.adobe.com/Thaut Images; S. 56: © stock.adobe.com/Renáta Sedmáková; S. 59: © picture aliance/KEYSTONE; S. 60: © anitasstudio/Fotolia; S. 61: © Chispita By/Shutterstock; S. 63: © Valentyn Volkov/Shutterstock; S. 64: © PixelWork/Fotolia; S. 67: © Stefan Koerber/Fotolia; S. 68: © stock.adobe.com/Patricia W.; S. 72: © stock.adobe.com/Vladimir Prusakov; S. 73: © goldpix/Fotolia; S. 75: © Pavel Kosek/Shutterstock; S. 78: © stock.adobe.com/standret.